DESENSIBILIZZAZIONE DEI MOVIMENTI OCULARI E TERAPIA DI RIELABORAZIONE (EMDR).

Guarisci dai sintomi e dal disagio emotivo che sono il risultato di esperienze di vita sconvolgenti

di Sofia Destinzio

INDICE

INTRODUZIONE

Avete sentito parlare della terapia EMDR? Anche se questa terapia proviene dagli Stati Uniti, sempre più psicologi la utilizzano in molti paesi, poiché la maggior parte degli psicologi è consapevole del fatto che quando esiste un trauma, c'è una disconnessione tra passato e presente, tra emozioni e cognizione.

Questa rottura rende difficile l'approccio terapeutico convenzionale, rendendo il parlare o il riportare a galla vecchie emozioni non solo non efficaci, ma a volte può anche rendere il paziente più sensibile. Non basta spiegare il trauma.

Così uno psicologo californiano ha iniziato a lavorare su una tecnica rivoluzionaria chiamata Desensibilizzazione e rielaborazione del movimento degli occhi (EMDR).

Tutto è iniziato nel 1987, mentre Francine Shapiro, ricercatrice senior presso il Mental Research Institute di Palo Alto, California, stava facendo una passeggiata nel parco. Poi si è resa conto che i pensieri che la disturbavano erano scomparsi e, più tardi, quando sono tornati, non la disturbavano più come prima.

Facendo più attenzione, si rese conto che quando un pensiero inquietante gli venne in mente, i suoi occhi cominciarono a muoversi rapidamente. Poi cominciò a sperimentare, pensando alle esperienze passate che ancora le davano fastidio mentre muoveva gli occhi.

Iniziò quindi ad applicare la tecnica EMDR ai suoi pazienti, per aiutarli ad elaborare i ricordi traumatici. I suoi risultati sono stati eccellenti, poiché l'EMDR permette di lavorare con il trauma rielaborandolo per lasciarsi alle spalle le emozioni dolorose.

La sensibilizzazione e l'elaborazione tramite il movimento degli occhi (EMDR) è un approccio terapeutico basato sul modello di elaborazione adattiva delle informazioni (API). Dal punto di vista di questo approccio psicoterapeutico integrativo, i ricordi memorizzati in modo disfunzionale sono considerati la base primaria della patologia clinica. L'elaborazione di queste memorie e la loro integrazione in reti adattive più ampie di memorie permette di trasformarle e di ripristinare il funzionamento del sistema.

Negli ultimi 25 anni è stato condotto un numero sufficiente di studi clinici di terapia EMDR, che ha portato al riconoscimento diffuso di questo approccio per il trattamento efficace dei traumi mentali.

L'EMDR è un approccio psicoterapeutico integrativo, i cui elementi procedurali sono ben combinati con la maggior parte degli altri tipi di psicoterapia. La terapia è sviluppata sulla base del modello IPA, che sottolinea il ruolo del sistema di elaborazione delle informazioni del nostro cervello per lo sviluppo sia di un sano funzionamento umano che di una patologia.

Nel quadro del modello IPA, i ricordi non sufficientemente elaborati di esperienze spiacevoli o traumatiche sono considerati come la fonte primaria di qualsiasi psicopatologia non causata da disturbi organici. L'elaborazione di questi ricordi risolverà il problema ripristinando il sistema e assimilando questi ricordi in reti adattive più ampie di ricordi. L'EMDR è una terapia in 8 fasi che include un protocollo in tre parti che si concentra su:

- le memorie che stanno dietro ai problemi attuali;

- le situazioni del presente e i fattori scatenanti con i quali è necessario lavorare separatamente per portare il cliente ad uno stato di salute psicologica stabile;

- e anche sull'integrazione di scenari positivi di ricordo per un comportamento più adattivo in futuro.

Una delle caratteristiche dell'EMDR è l'uso della stimolazione bilaterale, in particolare i movimenti oculari da un lato all'altro, il battito alternato delle ginocchia, o la stimolazione uditiva alternativa, che viene utilizzata in procedure e protocolli standardizzati per lavorare con tutti gli aspetti della rete di memoria selezionata come target.

CAPITOLO UNO

Terapia EMDR (Desensibilizzazione e rielaborazione dei movimenti oculari)

L'uso della terapia EMDR nei casi di stress post-traumatico e di altri disturbi, principalmente legati all'ansia, è diventato popolare negli ultimi anni. Consiste essenzialmente nel muovere gli occhi per seguire le dita del terapeuta mentre si ricorda un evento inquietante; secondo i ricercatori, questo favorisce l'elaborazione emotiva.

Cos'è la terapia EMDR?

La Terapia EMDR (Desensibilizzazione e rielaborazione attraverso i movimenti oculari) è un approccio terapeutico basato su evidenze scientifiche che dimostra la sua efficacia nel migliorare una serie di situazioni a base psicologica, come l'ansia, i problemi sessuali, i disturbi da stress post-traumatico, le difficoltà di relazione e il miglioramento delle prestazioni/prestazioni.

Di solito è una terapia di durata più breve e può essere utilizzata nel lavoro clinico con bambini, adolescenti e adulti.

Questa forma di terapia ha alcune caratteristiche che, all'inizio, possono sembrare strane: a un certo punto del trattamento, il paziente segue con gli occhi, andando da un lato all'altro, i movimenti che il terapeuta fa nell'aria con le dita in direzioni opposte.

Allo stesso tempo, il paziente si concentrerà su una memoria traumatica predeterminata, oltre ad osservare le sue sensazioni corporee legate alla registrazione negativa. La stimolazione bilaterale (cosiddetta perché avviene su entrambi i lati del corpo) può essere anche tattile (leggero tocco sulle ginocchia, per esempio) o sonora.

Questa stimolazione bilaterale permette al cliente di rielaborare i ricordi traumatici del passato e di avere un nuovo modo di vivere/visitare il mondo nel presente e nel futuro con una significativa riduzione della sofferenza e un miglioramento della qualità della vita.

L'utilizzo della stimolazione bilaterale favorisce il paziente a rimanere concentrato nel momento presente e a rivisitare i ricordi traumatici che possono essere molto dolorosi. Allo stesso tempo, secondo le ipotesi neurobiologiche, stimola i due emisferi cerebrali, permettendo la corretta reintegrazione e la comunicazione delle reti di memoria tra i due emisferi.

Gli studi di neuroscienze hanno fatto molta strada nella comprensione di ciò che accade nel cervello durante e dopo la terapia EMDR per mostrare così tanti risultati positivi.

È importante sottolineare che la terapia EMDR non si limita alla stimolazione bilaterale, essendo una terapia completa, nel senso più ampio del termine, con un inizio, una metà e una fine, rispettando le caratteristiche di ogni persona e tenendo conto della sua storia di vita, delle sue singolarità e delle risorse psicologiche, familiari e sociali disponibili.

Si tratta di un trattamento psicologico relativamente recente. È stato sviluppato da Francine Shapiro negli anni '80 intorno all'ipotesi che alcuni tipi di movimenti oculari sono utili per ridurre l'intensità emotiva dei pensieri negativi, come i ricordi traumatici.

La procedura che gli psicoterapeuti devono seguire quando usano l'EMDR è quella di muovere le dita davanti al volto del cliente, il quale, a sua volta, deve muovere gli occhi per concentrare lo sguardo in ogni momento sulle dita del clinico. Nel frattempo, farà sì che la persona che si sta curando si concentri su contenuti mentali specifici per poterli elaborare.

Il programma EMDR è strutturato in otto fasi. Ognuna di esse si concentra su un diverso momento temporale: il presente, il passato o il futuro. Le sessioni durano al massimo 1 ora e mezza e iniziano con l'induzione di pensieri negativi, ma gradualmente questi vengono sostituiti da altri con un tono emotivo più piacevole.

L'EMDR è comunemente usato e ha assistito persone in molte circostanze, come veterani di ritorno dalla guerra, vittime di stupri e aggressioni, e persone che hanno subito un trauma che ha cambiato la loro vita, come un incidente o un incendio. L'EMDR è importante anche nel trattamento delle dipendenze. Anche le persone che soffrono di dipendenze soffrono di un qualche tipo di trauma che ha dato origine al processo di dipendenza.

Applicazioni di questo intervento

La terapia EMDR viene applicata soprattutto nei casi di disturbi post-traumatici da stress, che appaiono come conseguenza di esperienze traumatiche che mettono in pericolo la propria vita o quella di altre persone. Alcuni dei fattori di rischio più rilevanti sono lo stupro e altri abusi fisici, la guerra, gli incidenti stradali o le minacce con le armi.

Tuttavia, questo programma di intervento è stato utilizzato anche in persone con altri disturbi d'ansia, come fobie specifiche e attacchi di panico, con diversi tipi di dipendenza e con disturbi alimentari.

Diverse meta-analisi sostengono l'uso dell'EMDR per obiettivi simili a quelli della terapia di esposizione, come nel caso del disturbo post-traumatico da stress. Tuttavia, la peculiarità di questo metodo, la mancanza di chiarezza dei suoi meccanismi e alcuni problemi metodologici di ricerca in materia fanno sì che molti professionisti lo mettano in discussione.

Come funziona questa terapia

L'idea di base di questa forma di terapia è la seguente: a volte, nella nostra vita, accadono cose che non abbiamo abbastanza risorse psicologiche per affrontare (traumi). Questa mancanza di risorse psicologiche può essere dovuta a diversi motivi:

1. 1. Perché eravamo molto giovani (soprattutto bambini/adolescenti) e non avevamo ancora costruito le risorse per affrontare le avversità.

2. 2. Perché non siamo stati in grado di elaborare gli eventi che sono accaduti (come quando si è sotto l'influenza di alcol o altre droghe o in situazioni delicate, come durante i rapporti sessuali o in ambienti non familiari e senza una rete di supporto).

3. 3. Perché l'evento ha avuto una forza molto forte o è avvenuto in modo molto inaspettato, come nei casi di rapine molto violente, rapimenti e perdite significative (morti, relazioni brusche, ecc.).

In questo modo, possono sorgere ricordi legati a questi eventi che non sono stati elaborati correttamente. Sono isolati e non possono unirsi al resto dei nostri ricordi in modo appropriato o "adattivo". È come se fossero congelati, nel nostro cervello, in una forma grezza.

Usando una metafora, potremmo pensare alla memoria traumatica come se fosse in una scatola o capsula separata dai ricordi che sono stati ben elaborati. Il problema è che, anche senza che ce ne rendiamo conto, questi ricordi "incapsulati" ostacolano il nostro funzionamento psicologico, che può causare sofferenza nel presente, come l'ansia, la bassa autostima, i problemi nelle relazioni (per esempio, la difficoltà a legare), i problemi sessuali o ostacolano il nostro rendimento (sul lavoro, negli studi, nelle attività fisiche).

Questa stimolazione bilaterale permette al cliente di rielaborare i ricordi traumatici del passato e di avere un nuovo modo di vivere/visitare il mondo nel presente e nel futuro con una significativa riduzione della sofferenza e un miglioramento della qualità della vita.

L'utilizzo della stimolazione bilaterale favorisce il paziente a rimanere concentrato nel momento presente e a rivisitare i ricordi traumatici che possono essere molto dolorosi. Allo stesso tempo, secondo le ipotesi neurobiologiche, stimola i due emisferi cerebrali, permettendo la corretta reintegrazione e la comunicazione delle reti di memoria tra i due emisferi.

Gli studi di neuroscienze hanno fatto molta strada nella comprensione di ciò che accade nel cervello durante e dopo la terapia EMDR per mostrare così tanti risultati positivi.

È importante sottolineare che la terapia EMDR non si limita alla stimolazione bilaterale, essendo una terapia completa, nel senso più ampio del termine, con un inizio, una metà e una fine, rispettando le caratteristiche di ogni persona e tenendo conto della sua storia di vita, delle sue singolarità e delle risorse psicologiche, familiari e sociali disponibili.

Si tratta di un trattamento psicologico relativamente recente. È stato sviluppato da Francine Shapiro negli anni '80 intorno all'ipotesi che alcuni tipi di movimenti oculari sono utili per ridurre l'intensità emotiva dei pensieri negativi, come i ricordi traumatici.

La procedura che gli psicoterapeuti devono seguire quando usano l'EMDR è quella di muovere le dita davanti al volto del cliente, il quale, a sua volta, deve muovere gli occhi per concentrare lo sguardo in ogni momento sulle dita del clinico. Nel frattempo, farà sì che la persona che si sta curando si concentri su contenuti mentali specifici per poterli elaborare.

Il programma EMDR è strutturato in otto fasi. Ognuna di esse si concentra su un diverso momento temporale: il presente, il passato o il futuro. Le sessioni durano al massimo 1 ora e mezza e iniziano con l'induzione di pensieri negativi, ma gradualmente questi vengono sostituiti da altri con un tono emotivo più piacevole.

L'EMDR è comunemente usato e ha assistito persone in molte circostanze, come veterani di ritorno dalla guerra, vittime di stupri e aggressioni, e persone che hanno subito un trauma che ha cambiato la loro vita, come un incidente o un incendio. L'EMDR è importante anche nel trattamento delle dipendenze. Anche le persone che soffrono di dipendenze soffrono di un qualche tipo di trauma che ha dato origine al processo di dipendenza.

Applicazioni di questo intervento

La terapia EMDR viene applicata soprattutto nei casi di disturbi post-traumatici da stress, che appaiono come conseguenza di esperienze traumatiche che mettono in pericolo la propria vita o quella di altre persone. Alcuni dei fattori di rischio più rilevanti sono lo stupro e altri abusi fisici, la guerra, gli incidenti stradali o le minacce con le armi.

Tuttavia, questo programma di intervento è stato utilizzato anche in persone con altri disturbi d'ansia, come fobie specifiche e attacchi di panico, con diversi tipi di dipendenza e con disturbi alimentari.

Diverse meta-analisi sostengono l'uso dell'EMDR per obiettivi simili a quelli della terapia di esposizione, come nel caso del disturbo post-traumatico da stress. Tuttavia, la peculiarità di questo metodo, la mancanza di chiarezza dei suoi meccanismi e alcuni problemi metodologici di ricerca in materia fanno sì che molti professionisti lo mettano in discussione.

Come funziona questa terapia

L'idea di base di questa forma di terapia è la seguente: a volte, nella nostra vita, accadono cose che non abbiamo abbastanza risorse psicologiche per affrontare (traumi). Questa mancanza di risorse psicologiche può essere dovuta a diversi motivi:

1. 1. Perché eravamo molto giovani (soprattutto bambini/adolescenti) e non avevamo ancora costruito le risorse per affrontare le avversità.

2. 2. Perché non siamo stati in grado di elaborare gli eventi che sono accaduti (come quando si è sotto l'influenza di alcol o altre droghe o in

situazioni delicate, come durante i rapporti sessuali o in ambienti non familiari e senza una rete di supporto).

3. 3. Perché l'evento ha avuto una forza molto forte o è avvenuto in modo molto inaspettato, come nei casi di rapine molto violente, rapimenti e perdite significative (morti, relazioni brusche, ecc.).

In questo modo, possono sorgere ricordi legati a questi eventi che non sono stati elaborati correttamente. Sono isolati e non possono unirsi al resto dei nostri ricordi in modo appropriato o "adattivo". È come se fossero congelati, nel nostro cervello, in una forma grezza.

Usando una metafora, potremmo pensare alla memoria traumatica come se fosse in una scatola o capsula separata dai ricordi che sono stati ben elaborati. Il problema è che, anche senza che ce ne rendiamo conto, questi ricordi "incapsulati" ostacolano il nostro funzionamento psicologico, che può causare sofferenza nel presente, come l'ansia, la bassa autostima, i problemi nelle relazioni (per esempio, la difficoltà a legare), i problemi sessuali o ostacolano il nostro rendimento (sul lavoro, negli studi, nelle attività fisiche).

Nella terapia EMDR, questi contenuti delle "capsule" saranno rielaborati e reintegrati in altri ricordi. Nell'ambiente sicuro della terapia e con un professionista addestrato, il paziente avrà una nuova possibilità di elaborare i ricordi traumatici in modo più sano. Dopo il ritrattamento, il ricordo non sarà più doloroso come prima e gli eventi, precedentemente traumatici, potrebbero non riuscire ad ostacolare la vita presente e futura del paziente.

Molte persone possono pensare, "ma io non soffro nemmeno a causa del passato, e non credo nemmeno di avere un trauma". Tuttavia, queste "capsule" non hanno bisogno di essere consapevoli, anzi, è comune che non lo siano.

Può ancora accadere che la persona creda che l'evento passato (o la sua registrazione nella memoria) sia, oggi, irrilevante. Pertanto, non gli causerebbe alcun grave inconveniente. Tuttavia, quando si parla di terapia, si può constatare che la memoria legata a certi eventi è emotivamente carica e ha ancora un effetto nel momento presente perché non è stata adeguatamente elaborata quando è avvenuta. Non è raro che, durante la rielaborazione, i ricordi dimenticati, tuttavia, con riflessi negativi nel presente, vengano alla ribalta e possano essere elaborati.

Quindi, un compito importante della terapia EMDR è quello di trovare le connessioni tra la sofferenza attuale e i ricordi non elaborati correttamente e, in seguito, di rielaborarli. Una volta elaborata la memoria che causa le difficoltà, le sofferenze portate in terapia possono essere eliminate o ridotte in modo significativo.

Nessuno sa veramente come funzionano le diverse forme di psicoterapia a livello neurobiologico (sul cervello). Sappiamo però che se una persona è molto turbata durante un evento difficile, il suo cervello non integra le informazioni come farebbe in tempi normali: la situazione difficile si cristallizza, si blocca.

Così, quando la persona ci pensa, rivive le emozioni e le sensazioni dolorose spesso con la stessa intensità del momento dell'evento: gli odori, le immagini, i suoni, i pensieri negativi, le sensazioni fisiche, gli affetti, ecc. sono rimasti gli stessi. A lungo termine, questi ricordi "congelati" nel cervello rischiano di avere effetti dannosi che possono interferire con il funzionamento quotidiano della persona, nel suo modo di vedere il suo mondo,

EMDR sembra agire direttamente sul funzionamento neurologico ripristinando la capacità del cervello di elaborare le informazioni. Così, dopo le sessioni EMDR, le immagini, i suoni, le sensazioni e le emozioni invasive iniziali non vengono più riattivate quando la persona ripensa all'evento.

Ricordiamo ancora l'evento, ma senza l'intenso disagio. Si ritiene che l'EMDR agisca allo stesso modo della fase del sogno, durante la quale gli occhi si muovono rapidamente, il che facilita la "digestione" del materiale immagazzinato durante i nostri esperimenti. Possiamo quindi considerare che l'EMDR è una terapia con basi fisiologiche, che permette di arrivare a disegnare ricordi inquietanti da una nuova prospettiva e con meno angoscia, anche senza angoscia.

Le attuali conoscenze relative al funzionamento del cervello non sono sufficienti per spiegare con certezza le modalità d'azione del trattamento EMDR ... Tutte le ipotesi avanzate fino ad oggi non possono essere totalmente confutate o totalmente convalidate. Ecco le ipotesi più comunemente accettate:

1) L'EMDR E IL SISTEMA DI ELABORAZIONE DELLE INFORMAZIONI (TAI)

Definizione di TAI

Il processo di "elaborazione adattiva delle informazioni", presente in ogni individuo, ci permette di risolvere le difficoltà che incontriamo in modo appropriato e pertinente. La nostra sopravvivenza è sostenuta da questo processo di adattamento neurofisiologico.

Quando tutto va bene, assimiliamo e integriamo nuove esperienze. Grazie a questo, ci adattiamo il più adeguatamente possibile al nostro ambiente. Tutti gli aspetti utili delle esperienze sono memorizzati; in altre parole, appresi, e rimangono disponibili per le nostre decisioni future. Esse costituiscono risorse psicologiche. Una nuova esperienza viene così assimilata in una rete di memoria preesistente, connessa con esperienze simili.

Durante un trauma, il processo di elaborazione delle informazioni può essere stato interrotto

Pierre Janet (1859-1947), in "Psychological automatic", ha già spiegato che durante uno shock emotivo, la nostra capacità di sintetizzare le informazioni delle nostre esperienze sensoriali potrebbe essere interrotta.

Secondo il modello di Francine Shapiro, le informazioni legate al trauma sarebbero state immagazzinate in modo frammentario (immagini, suoni, odori, ecc.) a livello cerebrale, e questi diversi frammenti non sarebbero stati collegati tra loro, il che avrebbe impedito l'integrazione ("classificazione", "digestione", "sintesi") del trauma nella memoria.

Francine Shapiro osserva che, nel normale funzionamento, il cervello è perfettamente in grado di elaborare le informazioni emotivamente cariche, e postula l'esistenza di un sistema specifico di elaborazione delle informazioni, che elabora i ricordi traumatici (2/3 delle persone che hanno subito un singolo trauma moderatamente intenso possono digerire spontaneamente questo ricordo senza l'aiuto terapeutico). Questo sistema di elaborazione adattiva delle informazioni (ATI) non funzionerebbe per alcune persone.

Alcuni traumi bloccano il sistema di elaborazione delle informazioni

Quando gli eventi della vita generano troppi disturbi emotivi, che si tratti di un trauma "grave" (stupro, incidente, aggressione, terremoto, ecc.) o di un trauma "minore" (essere umiliati durante l'infanzia, assistere alle violente liti dei genitori, ecc. Le conseguenze negative di questa disfunzione sono spesso durature: sindrome da stress post-traumatico, depressione, ansia o disturbi alimentari, tossicodipendenza, vari disturbi fisici, ecc. Si ritiene che il trauma sia un blocco dell'elaborazione adattiva delle informazioni.

Inoltre, questo modello considera le situazioni attuali che generano sofferenza come riattivazioni di traumi passati, non risolti e non trattati. Così, l'ansia che abbraccia una vittima di stupro quando sperimenta un rapporto sessuale, che lei desidera, è la conseguenza della riattivazione involontaria del trauma iniziale.

"Memorizzazione "anormale

Alcuni ricercatori ritengono che questi traumi riattivati siano memorizzati in un modo "anomalo", "disfunzionale", che impedisce al cervello di "digerirli": non potendo essere conservati nella nostra memoria autobiografica, non possono essere convertiti in souvenir. Questi traumi possono invaderci più che senza che noi lo vogliamo (flashback, incubi), oppure continuano a rigiocarsi in noi inconsciamente (per ondate di rabbia, disturbi alimentari, autolesionismo, ecc.): il passato continua ad agire nel presente.

Il ricordo di un evento traumatico riporta spesso a galla le sensazioni fisiche provate durante il trauma. Sembra che il trauma sia immagazzinato in una memoria sensoriale, emotiva e motoria e non nella memoria narrativa. Questo implica che una persona che ha vissuto un trauma continua a sperimentare emozioni, sensazioni fisiche, o movimenti involontari legati al trauma, mentre a volte non riesce (per dissociazione, amnesia...) a relazionarsi con la memoria (non ricordo un'esperienza che possa aver portato a queste sensazioni, a queste cognizioni, a questi movimenti involontari...).

EMDR rilancia il sistema di elaborazione delle informazioni

EMDR reinserirebbe l'evento traumatico nel processo di sintesi della memoria episodica e gli darebbe lo status di ricordi passati.

EMDR si basa su un modello neurologico in cui la stimolazione alternata degli emisferi cerebrali ripristinerebbe un processo di ricollegamento degli elementi di elaborazione delle informazioni (emotivi, cognitivi, fisici) scollegati dall'evento traumatico. In altre parole, il processo di elaborazione adattiva delle informazioni potrebbe essere riattivato da stimoli bilaterali. Una volta riattivato, questo sistema accelererebbe il trattamento del materiale traumatico. Grazie a lui, le emozioni negative vengono neutralizzate e l'informazione adattiva nasce spontaneamente.

Apparentemente, l'EMDR permette di stabilire una connessione tra la rete della memoria, che contiene la memoria traumatica e le reti della memoria che trasportano esperienze adattive, "digerite", aventi un significato per l'individuo, costitutive delle risorse psichiche.

L'accesso alle reti della memoria che contengono questi ricordi traumatici per "ritirarli" provoca una riduzione o addirittura la scomparsa dei sintomi. Inoltre, EMDR permette di dare uno sguardo diverso al trauma, di avere nuove intuizioni, di gestire meglio le proprie emozioni e di cambiare il modo di percepire se stessi.

I sintomi sono considerati come conseguenze dell'evento traumatico, che è la causa della sofferenza perché non può essere normalmente elaborato, assimilato, trattato e perché è rimasto, a volte per anni, congelato, intatto e attivo, nella psiche.

2) L'ESPOSIZIONE E LA TERAPIA

L'EMDR può essere paragonato all'esposizione, una tecnica utilizzata nella terapia comportamentale. Infatti, l'EMDR si concentra inizialmente sui ricordi traumatici, con i suoi effetti e le sue cognizioni. Si osserva che il livello di disturbo emotivo nel trattamento con EMDR diminuisce in proporzione al tempo di presentazione dello stimolo, così come si osserva nel trattamento con esposizione. Se l'esposizione può essere considerata un elemento essenziale nell'EMDR, alcuni studi dimostrano che l'esposizione da sola non è sufficiente a spiegare l'efficacia dell'EMDR:

- Diversi studi che mirano a confrontare la terapia EMDR e l'esposizione attestano che l'EMDR offre gli stessi risultati dell'esposizione ma in un tempo più breve (ad esempio, lo studio Vaughan del 1994, 4 sessioni di EMDR contro l'esposizione alle 20.00).

- L'interruzione dell'esposizione nel momento in cui l'ansia è al culmine non porta ad una riduzione della sofferenza emotiva, mentre con EMDR, dopo ogni stimolazione, il paziente viene interrogato brevemente, e si verifica una desensibilizzazione.

- Generalmente / di solito, durante l'esposizione non si verifica la comparsa di catene di libere associazioni o di immagini spontanee, mentre questo è il caso dell'EMDR. Il processo di libere associazioni non è innescato da una semplice esposizione, mentre lo è con EMDR

3) IL REM (Movimento rapido degli occhi)

L'efficacia dell'EMDR deriverebbe dalla riattivazione dei meccanismi di sonno REM (durante i quali si verificano sogni e REM). Questa ipotesi è stata riesplorata da Stickgold (1998).

Il nostro cervello utilizza anche i movimenti oculari notturni per incorporare le informazioni catturate durante il giorno. Stickgold sostiene che durante il processo REM, durante il sogno, le informazioni debolmente associative vengono spostate dalla neocorteccia all'ippocampo (coinvolto nella formazione della memoria a lungo termine), grazie ai meccanismi acetilcolinergici.

Al contrario, le informazioni altamente associative dall'ippocampo vengono spostate alla neocorteccia durante le altre fasi del sonno. Il doppio spostamento indebolisce emotivamente un carico di ricordi.

Infine, l'interruzione del sonno e l'attivazione dell'acetilcolinergia induce uno stress post-traumatico, diminuendo il rischio di indebolire tali connessioni positive e riducendo al minimo gli impatti emotivi e stressanti.

L'uso dell'EMDR produrrebbe un aumento della produzione di acetilcolina, che promuoverebbe il trasferimento di informazioni dalla corteccia all'ippocampo. L'alternanza di stimolazioni bilaterali favorirà la decodifica delle informazioni, il recupero della memoria, vicino a quanto avviene durante il sonno REM.

4) ATTENZIONE BIFOCALE, O DOPPIA ATTENZIONE

EMDR utilizza un metodo antico come il mondo, l'attenzione bifocale. Vale a dire che allo stesso tempo la persona ripensa alla sua esperienza passata, a volte con grande emozione, e allo stesso tempo considera ciò che accade nel suo corpo, nel momento presente, durante questo tempo. Evocazione. Questa "doppia attenzione", che è anche il fatto di focalizzare la propria attenzione sia su ciò che accade fuori di sé (per esempio, le dita del terapeuta che si muovono) sia dentro di sé (le immagini, le emozioni, le sensazioni), contribuisce al processo terapeutico.

Questo non è originale perché la meditazione utilizza lo stesso processo. Inoltre, l'uso di stimoli bilaterali (su ogni lato del corpo) alternati da movimenti oculari o tattili o sonori, nello stesso momento in cui la persona rivive il suo problema.

5) MIGLIORE SINCRONIZZAZIONE DEGLI EMISFERI CEREBRALI

Questa spiegazione è stata evidenziata da Nicosia nel 1994. Con l'attivazione alternata dei due emisferi cerebrali, l'EMDR avrebbe stabilito una migliore sincronizzazione tra di loro, causando così l'assimilazione dei ricordi traumatici. Più specificamente, l'SBA promuove la sincronizzazione dell'attivazione e dell'inibizione nelle reti neurali degli emisferi destro e sinistro che funzionavano, prima dell'SBA, in modo più isolato. Questa sincronizzazione comporterebbe un intreccio di elementi razionali ed emotivi e trasformerebbe l'esperienza del ricordo. Queste ristrutturazioni creerebbero connessioni con nuove associazioni (/ con reti neurali collegate a) soluzioni, con risorse memorizzate nel cervello. Così i ricordi dei traumi vengono "riscritti" e le emozioni ad essi associate,

6) ATTIVAZIONE DEL SISTEMA PARASINFATTICO (con la conseguenza di un cambiamento nei legami tra cognizioni ed emozioni)

- SBA rallenta la frequenza cardiaca e diminuisce la conduttanza della pelle (più alto è il livello di stress, minore è la conduttanza della pelle). Il rilassamento così generato attiva il sistema parasimpatico (che ha il neurotrasmettitore acetilcolina) e rende possibile l'assimilazione dei ricordi traumatici.

- (Al contrario, l'adrenalina, a causa dell'ansia delle memorie traumatiche, attiva il sistema ortosimpatico e impedisce questa integrazione).

- La mancata integrazione della memoria dolorosa, la sua impossibile elaborazione, deriverebbe da un'opposizione tra i riflessi di sopravvivenza, che generano la produzione di adrenalina e attivano il sistema ortosimpatico, in caso di pericolo; e il processo di elaborazione delle informazioni, che richiede il rilassamento e quindi l'attivazione del sistema parasimpatico.

- L'integrazione delle informazioni relative ad una memoria traumatica non potrebbe mai essere fatta poiché, non appena il sistema parasimpatico viene riattivato, in assenza di memorie comparabili già integrate e tradotte a parole, la sua evocazione porta ad un'esperienza di disagio e quindi ad una nuova produzione di adrenalina.

- Secondo questa concettualizzazione, la capacità di pensare (quindi l'accesso alle cognizioni) è subordinata allo stato emotivo dell'individuo. Il terrore stordisce il pensiero, la tristezza accompagna i pensieri oscuri. . .

- Il sistema colinergico parasimpatico è attivato da stimolazioni bilaterali alternate (oculari, uditive o tattili) (Stikhold 2002). Questa ipotesi è confermata dallo studio delle modificazioni neurovegetative che avvengono durante il trattamento EMDR (Aubert-khalfa et al. 2008, Elofsson et al. 2008). Questo rilascio di acetilcolina genera una diminuzione del disturbo emotivo legato alla memoria e favorisce le associazioni con gli elementi cognitivi; in altre parole, ripristina il processo di pensiero (che era limitato a causa di emozioni troppo forti). Con il progredire della serie di stimolazioni, la memoria del trauma si associa a un'emozione sempre più debole e, di conseguenza, a cognizioni più positive. Al termine del trattamento, il ricordo del trauma cessa di generare sofferenza:

La storia di EMDR

Questa tecnica, scoperta casualmente nel 1987 dall'americana Francine Shapiro, costituisce una grande rivoluzione nel campo della psicoterapia.

Nel 1979, quando aveva 30 anni, le fu detto che aveva il cancro. La sua vita è stata sconvolta. Dopo un'operazione e un trattamento in radioterapia, i medici gli avrebbero detto: "Apparentemente non ce l'ha più, ma in certi pazienti ritorna. Non sappiamo dove, né come. Buona fortuna". Queste parole sconvolsero molto Francine Shapiro e la spinsero a leggere in profondità gli scritti sul cancro, sull'incidenza dello stress nell'insorgenza e nello sviluppo della malattia. Per evitare una ricaduta, si rivolge alla psicologia e cerca di capire i legami mente-corpo. Per trovare trattamenti efficaci per lo stress, sperimenta diverse forme di psicoterapia (immagini guidate di Simonton, ipnosi Ericksoniana, prescrizione di risate da parte di Norman Cousins) e di meditazione.

La dottoressa Francine Shapiro (1948/2019), creatrice della terapia EMDR, era una psicologa americana e diceva che un giorno, nel 1987, stava camminando in un parco pensando ad alcune cose che la disturbavano. Come molte altre scoperte scientifiche fatte per caso, si è accorta che quando faceva dei movimenti con gli occhi, il suo disagio diminuiva.

Incuriosita, iniziò a fare ricerche e a sperimentare sull'argomento, scoprendo che i movimenti oculari isolati non le procuravano un completo guadagno terapeutico. In questo modo, la psicologa ha inserito nel suo approccio alla terapia altri elementi, anche cognitivi, come l'indagine delle credenze legate ai ricordi che abbiamo su alcuni eventi della nostra vita.

Shapiro ha intrapreso i primi esperimenti per verificare l'efficacia della nuova forma di terapia. Ha osservato, fin dall'inizio, che i soggetti che soffrono di ricordi traumatici sottoposti alla terapia del movimento oculare hanno mostrato risultati migliori di quelli che hanno fatto solo visualizzazioni e descrizioni di immagini traumatiche. Questo è stato solo l'inizio di diversi studi che hanno dimostrato l'efficacia e la fattibilità di questa terapia.

Sulla base di diversi studi di altri ricercatori, dei feedback dei pazienti e dell'esperienza nell'uso della terapia, Shapiro ha sviluppato un protocollo completo (che ha otto fasi) per applicare la nuova forma di psicoterapia.

Nel 1991, la terapia, che prima si chiamava solo EMD (Eye movement and desensitization) è stata rinominata da Francine come EMDR (Eye movement, desensitization and reprocessing o Desensitization and reprocessing through eye movements) per evidenziare gli aspetti cognitivi coinvolti nella terapia e identificare la spiegazione che la psicologa / ricercatrice ha dato per il suo funzionamento, sulla base della sua teoria sull'elaborazione delle informazioni.

Diversi studi indipendenti su questa forma di terapia hanno iniziato ad essere condotti a partire dal 1989 con risultati molto promettenti, soprattutto nei casi di Disturbo Post-Traumatico da Stress, una condizione in cui un evento traumatico passato innesca una serie di reazioni nel presente portando enormi sofferenze alle persone che soffrono di questa condizione.

Così, questa psicoterapia ha cominciato ad essere ampiamente utilizzata nei veterani di guerra. Queste persone, traumatizzate dalle bombe, dai morti e dagli attacchi aerei, quando tornavano a casa, potevano avere una reazione emotiva estrema con un semplice oggetto che cadeva sul pavimento o una porta che sbatteva perché associavano il rumore agli eventi della guerra. Dopo il trattamento con l'EMDR, nella maggior parte dei casi, questi rapporti sono stati interrotti, i ricordi traumatici sono stati rielaborati e le persone hanno potuto vivere la vita più serenamente.

Se i traumi di guerra potevano essere trattati con l'EMDR, anche i traumi "civili" di giorno in giorno non potevano essere trattati con questa forma di terapia? A questa domanda è stata data risposta attraverso diversi studi che dimostrano l'efficacia dell'EMDR per le più diverse sofferenze psicologiche. Presto vedremo la diversità delle situazioni in cui l'EMDR può essere applicato, ma prima di tutto cerchiamo di capire un po' cosa significa trauma.

Modello adattativo di elaborazione delle informazioni (API)

La conversione dell'EMD in EMDR si è basata principalmente sul modello IPA, che è la base teorica per l'intera pratica clinica dell'EMDR. Secondo questo modello, le reti di memorie che contengono tutte le esperienze precedenti rappresentano la base sia per la salute umana che per la patologia. La nuova esperienza è un flusso infinito di elementi di informazione coscienti e inconsci che vengono elaborati dal cervello utilizzando il sistema di elaborazione delle informazioni all'interno di queste reti di ricordi.

Questo sistema è intrinsecamente adattivo perché, con il normale funzionamento, è in grado di utilizzare le informazioni per sostenere la crescita e lo sviluppo umano attraverso l'apprendimento. Le informazioni sensoriali, cognitive, emotive e somatiche rilevanti sono immagazzinate in reti di memoria che saranno utilizzate in futuro in modo che una persona possa rispondere in modo adattivo al mondo che la circonda.

Apparentemente, alcuni eventi negativi stressanti portano ad un sovraccarico del sistema di elaborazione delle informazioni, per cui non possono essere assimilati in modo adattivo. Un evento di questo tipo viene conservato nella memoria, insieme alle emozioni disturbanti, alle sensazioni fisiche e alle paure provate al momento dell'evento. Tali situazioni possono essere a volte gravi lesioni, ma più spesso si tratta di eventi negativi quotidiani che si verificano con le persone a casa, nelle relazioni, a scuola, al lavoro e così via, ad esempio, umiliazioni, rifiuti e fallimenti.

In tali situazioni, le informazioni relative a un evento negativo vengono memorizzate in modo isolato dalle reti adattive dei ricordi. Le situazioni attuali nel presente possono servire come inneschi di ricordi precedenti, in seguito ai quali una persona può sperimentare alcuni o tutti gli aspetti sensoriali, cognitivi, emotivi e somatici degli eventi, che portano a comportamenti non adattativi o sintomatici.

Il modello IPA considera le convinzioni, i comportamenti e i tratti di personalità negativi come risultato di ricordi disfunzionalmente conservati. Da questo punto di vista, qualsiasi fiducia in se stessi negativa (ad esempio, "sono stupido"), qualsiasi reazione emotiva negativa (ad esempio, paura in presenza di una figura autorevole), qualsiasi reazione somatica negativa (ad esempio, dolore addominale alla vigilia dell'esame) sono sintomi piuttosto che la causa di problemi in corso.

Il motivo è considerato come un ricordo di eventi non elaborati della vita del paziente che si attivano nel presente. Questa visione della patologia psicologica è la principale base teorica della terapia EMDR, e aiuta il clinico a comprendere il cliente, a redigere un piano di trattamento e a selezionare gli interventi terapeutici appropriati.

Durante la seduta EMDR si utilizzano procedure e protocolli standardizzati per accedere ai ricordi associati alle difficoltà attuali, secondo i quali viene utilizzata anche la stimolazione bilaterale a breve termine (movimenti oculari, stimolazione tattile e uditiva). Le registrazioni delle sessioni (F. Shapiro, 2001, 2002; Shapiro & Forrest, 1997) mostrano che l'elaborazione avviene principalmente a causa della rapida instaurazione di connessioni intrapsichiche tra emozioni, intuizioni, sensazioni e ricordi che sorgono durante la sessione, che cambiano dopo ogni serie regolare di stimolazione bilaterale.

Secondo il modello IPA, questo processo è considerato come la creazione di una connessione tra la memoria di destinazione e le informazioni adattive, che dà al cliente l'opportunità di andare avanti, passando attraverso le necessarie fasi di effetto e consapevolezza relative ad argomenti come (1) il giusto grado di responsabilità, (2) la sicurezza nel presente, e (3) la possibilità di fare delle scelte nel futuro.

L'elaborazione dell'EMDR è intesa come uno stimolo alla nascita di nuove associazioni e relazioni, che rende possibile un ulteriore apprendimento e porta alla conservazione dei ricordi in una forma nuova e adattiva. Non appena ciò accade, il cliente può guardare l'evento che lo disturba e guardare a se stesso da un punto di vista nuovo e adattivo.

Questo nuovo punto di vista non comporta cognizioni negative, affetti e sensazioni somatiche, che prima erano al centro della sua percezione non adattiva di questo evento. Pertanto, l'evento cessa di avere un impatto negativo sulla personalità del cliente, sulla sua visione del mondo, così come sulla sua esperienza emotiva e somatica. Questo affinamento, che porta a un nuovo apprendimento, è centrale nel modello e nella terapia EMDR. Il protocollo in tre parti utilizzato nella terapia EMDR funziona ed elabora le esperienze positive e le nuove informazioni/educazioni necessarie per far fronte a qualsiasi mancanza di conoscenza o abilità.

Quali sono i vantaggi dell'EMDR?

La psicoterapia in cui viene applicato l'EMDR permette di ottenere importanti benefici:

- I sintomi fisici e psicologici si attenuano e terminano. Migliora il livello di benessere personale e relazionale.

- Gli episodi traumatici perdono l'iniziale impatto emotivo fortemente negativo. Si raggiunge la consapevolezza che ciò che è accaduto non può essere cambiato. Il ricordo può essere trasformato liberando preziose risorse per la guarigione e il benessere.

- Il passato rimane nel passato: i pensieri invadenti svaniscono o scompaiono, le emozioni e le sensazioni fisiche diminuiscono di intensità. Il trauma, da evento perturbante nella mente e nel corpo, diventa un ricordo lontano, razionalmente ed emotivamente.

- Si acquisisce una maggiore fiducia nelle proprie risorse e nel proprio valore come persona, si ha un rafforzamento dell'autostima.

- È possibile ritrovare la concentrazione sul presente e sul senso di sé, piuttosto che sul passato.

- La speranza e la fiducia sono recuperate dalla possibilità di vivere una nuova vita, libera dall'impatto dell'evento traumatico.

- L'EMDR funziona a livello cerebrale, migliorando le reti neurali. Trasforma l'esperienza da negativamente emotiva in cognitiva integrata, grazie al fatto che non rimane isolata, ma diverse regioni cerebrali partecipano alla sua elaborazione. Inoltre, la comunicazione e l'elaborazione delle informazioni tra i due emisferi viene riattivata.

Per chi può essere utilizzato l'EMDR?

L'EMDR viene utilizzato in un percorso psicologico quando la persona soffre di un sintomo che le impedisce di vivere in pace. È utile utilizzare l'EMDR per il trattamento di disturbi causati da eventi negativi, stressanti o traumatici. Questi sono ripetutamente rivissuti attraverso alterazioni dell'umore, pensieri ed emozioni disturbanti, sintomi corporei e attenuazione o iperattivazione della reattività.

EMDR è stato creato per trattare il disturbo da stress traumatico portuale o per rivivere nel presente un momento di pericolo che si è verificato in passato. Può essere usato per coloro che hanno vissuto disastri naturali, incidenti stradali, aggressioni, abusi, violenze, stupri, lutti, omicidi o suicidi di persone care. In questi casi i sintomi possono essere intensi e disabilitanti: ricordi intrusivi, alterazioni fisiche, difficoltà nella gestione emotiva, attenzione e prevenzione di situazioni legate all'evento. Questi sintomi possono influire sulla vita di relazione e di lavoro, ma anche sull'immagine di sé e sull'autostima.

L'uso dell'EMDR in psicoterapia può essere utile anche per affrontare le difficoltà derivanti da traumi con t minuscole ed eventi inquietanti, anche se non comunemente definiti traumatici, come separazioni e divorzi, cambiamenti di vita, problemi relazionali... EMDR è che si è dimostrato efficace anche nel trattamento dei sintomi legati alla depressione e all'ansia (fobie, attacchi di panico, ansia generalizzata e da prestazione ...).

CAPITOLO DUE

Le 8 fasi della terapia EMDR

La durata dell'assistenza completa dipende dalla storia di diagnosi del paziente. Il trattamento completo degli obiettivi richiede una procedura in tre fasi (passato, presente e futuro) che è importante per alleviare i sintomi e per risolvere l'intero quadro clinico. L'obiettivo della terapia EMDR è quello di analizzare completamente gli eventi che scatenano i problemi e di incorporare i nuovi servizi necessari per una salute olistica. "Metodo" non significa parlare del problema. "Sistema" significa la creazione di uno stato di apprendimento che consente di "digerire" correttamente i test che scatenano i problemi e di memorizzarli nel cervello.

Esso assicura che ciò che è benefico in un esperimento sarà assorbito ed elaborato nel vostro cervello con le corrette sensazioni, e sarà in grado di indirizzarvi con una visione positiva in futuro. Le emozioni, i valori corporei non corretti e i pensieri devono essere scartati. I pensieri, le percezioni e le azioni negative sono tipicamente innescati da precedenti incontri inspiegabili che vi spingono nella direzione sbagliata. L'obiettivo della terapia EMDR è quello di lasciarvi con sentimenti, comprensione e percezioni che contribuiscano a comportamenti e interazioni sicure e adattive.

Anche se l'EMDR può fornire risultati più velocemente di altre terapie, la cura non è una questione di velocità; è importante notare che ogni paziente ha esigenze diverse. Per esempio, un paziente può impiegare settimane per stabilire un adeguato senso di fiducia (Fase 2), mentre un altro può progredire rapidamente attraverso le prime sei fasi di cura, solo per trovare qualcosa di molto più significativo che deve essere affrontato.

Otto fasi di trattamento con EMDR

Fase 1: Anamnesi del paziente e pianificazione del trattamento:

Questo processo richiede tipicamente da 1 a 2 sedute all'inizio della terapia per i pazienti con disturbo da stress post-traumatico di base e può continuare durante la terapia, in particolare se si verificano nuovi problemi. Durante la prima fase della terapia EMDR, il terapeuta discute l'anamnesi completa del paziente e stabilisce un piano di recupero. Ogni sezione comprenderà una revisione del problema di fondo che ha contribuito al trattamento, le abitudini e gli effetti che ne sono derivati. Con queste conoscenze, il terapeuta dovrebbe creare un piano di trattamento che definisca gli obiettivi di base per il trattamento dell'EMDR.

Questi includono gli eventi del passato che hanno prodotto il problema, le circostanze attuali che scatenano l'ansia, e le abilità o abitudini chiave che il paziente deve sviluppare per il suo benessere futuro. Uno degli aspetti unici dell'EMDR è che la persona in cerca di cure non ha bisogno di affrontare nel dettaglio nessuno dei suoi ricordi traumatici. Pertanto, sebbene alcune persone si sentano a proprio agio e scelgano addirittura di fornire dettagli precisi, altre possono rappresentare un'immagine o un profilo generale. Quando il terapeuta chiede, per esempio, "Quale incidente ti ha fatto sentire inutile?", la persona potrebbe rispondere: "È stato qualcosa che mio fratello mi ha fatto".

Questa è tutta la conoscenza di cui il terapeuta ha bisogno per definire e gestire un incidente con l'EMDR. Altre persone possono presentare un'immagine o un quadro generale. Quando il terapeuta chiede, per esempio, "Che incidente ti ha fatto sentire inutile", la persona potrebbe rispondere: "È stato qualcosa che mio fratello mi ha fatto". Questa è tutta la conoscenza di cui il terapeuta ha bisogno per identificare e trattare un incidente con l'EMDR. Altre persone possono presentare un'immagine o un quadro generale. Quando il terapeuta chiede, per esempio, "Che incidente ti ha fatto sentire inutile", la persona potrebbe rispondere: "È stato qualcosa che mio fratello mi ha fatto". Questa è tutta la conoscenza di cui il terapeuta ha bisogno per definire e gestire un incidente con l'EMDR.

Fase 2: Preparazione:

Questo processo dura da 1 a 4 sedute per la maggior parte dei pazienti. In altri, con un passato molto traumatizzato o con una diagnosi più complicata, potrebbe essere necessario più tempo. A questo punto, il terapeuta vi darà alcune strategie di base in modo che possiate affrontare facilmente eventuali problemi emotivi che potrebbero verificarsi. Se ce la farete, di solito passeremo al livello successivo. Uno degli obiettivi principali del processo di preparazione è quello di creare un rapporto di fiducia tra il paziente e il terapeuta.

Anche se la persona potrebbe non aver bisogno di entrare nei dettagli dei ricordi traumatici, se il paziente EMDR non si fida del terapeuta, non sa esattamente quali sono i suoi sentimenti e quali aggiustamenti (o meno) si verificano durante la stimolazione bilaterale. Se il paziente cerca solo di soddisfare il terapeuta e pensa di sentirsi meglio quando non lo fa, nessuna terapia può superare l'esperienza dolorosa del paziente. Per qualsiasi tipo di consulenza, è meglio vedere il terapeuta come un facilitatore o una guida che vuole sentire qualche tipo di dolore, desiderio o frustrazione per aiutare a raggiungere un obiettivo condiviso (non mi è piaciuta questa parte che suona come una minaccia).

La terapia EMDR è molto più di un semplice movimento degli occhi e il terapeuta deve sapere quando utilizzare tutte le tecniche necessarie per continuare il trattamento. Durante il processo di pianificazione, il terapeuta deve spiegare il principio dell'EMDR, come farlo e cosa una persona deve aspettarsi durante e dopo la terapia. In ultima analisi, il terapeuta dovrebbe fornire al paziente una serie di tecniche calmanti per calmare eventuali disturbi emotivi che possono verificarsi durante o durante una seduta. L'uso di questi strumenti è un vantaggio importante per tutti. Le persone positive trovano il modo di rilassarsi di fronte alle pressioni della vita. Uno degli scopi del trattamento EMDR è quello di garantire che il paziente possa prendersi cura di se stesso.

Fase 3: Valutazione:

In tutto questo punto, al paziente verrà chiesto di accedere a ciascun target (memoria disturbante) in modo regolamentato e coerente, in modo da poterlo elaborare in modo efficiente.

Il ciclo non significa che stiamo parlando di memoria. Si prega di fare riferimento alla sezione Desensibilizzazione qui sotto. Il terapista EMDR classifica le varie parti del target da trattare. Nella prima fase, il paziente sceglie un quadro visivo chiaro dell'evento target (che è stato stabilito nella Fase 1) che riflette al meglio il ricordo preoccupante. Poi sceglie una frase che comunica una convinzione negativa della situazione. Anche se il paziente sa logicamente che l'argomento non è corretto, è necessario riflettere su di esso.

Queste convinzioni negative sono in realtà verbalizzazione delle emozioni inquietanti che ancora esistono. La conoscenza negativa comune comprende affermazioni come "sono impotente", "sono inutile", "sono colpevole", "sono in pericolo", "sono fuori controllo", ecc. Il paziente sceglie quindi una convinzione positiva che preferisce credere. Questa affermazione dovrebbe incorporare un senso interno di controllo, come "Sono degno / mi merito cose buone / sono una brava persona / sono in controllo," ecc. A volte, quando l'emozione primaria è la paura, come dopo un disastro naturale, la cognizione negativa può essere "Sono in pericolo", e la cognizione positiva può essere "Sono sicuro ora". "Sono in pericolo" può essere considerata una cognizione negativa, perché la paura è inappropriata - è bloccata nel sistema nervoso perché il pericolo è nel passato.

La cognizione positiva deve rappresentare ciò che è realmente necessario al momento. A questo punto, il terapeuta chiederà alla persona di misurare quanto sia genuina una credenza positiva, usando la scala di cognizione dei COV di validità da 1 a 7. "1" è uguale a "assolutamente falso" e "7" è uguale a "pienamente vero". È importante fornire un punteggio che rappresenti come la persona "sente" e non "pensa" quelle parole. Possiamo teoricamente renderci conto che qualcosa è sbagliato, ma siamo più spinti a crederci. Inoltre, durante la fase di valutazione, la persona identifica le emozioni negative (paura, rabbia) e le sensazioni fisiche che accompagnano quelle emozioni (sensazione di tensione nello stomaco, mani fredde) e che sono associate all'obiettivo.

Oltre ad un pensiero positivo, il paziente spesso classifica le sensazioni, ma utilizza una particolare scala chiamata SUDS (Scala delle Unità Soggettive di Disturbo). Questa scala permette al paziente di identificare il livello di emozione da 0 (senza disturbo) a 10 (la peggiore intensità possibile). L'obiettivo della terapia EMDR nelle fasi successive è di ridurre al minimo il punteggio per il disturbo LDS, mentre i punteggi VoC per le credenze positive sono destinati ad aumentare.

Rielaborazione: Nel caso di un singolo trauma, il ritrattamento sarà normalmente effettuato in circa tre sessioni. Alcune modifiche possono essere effettuate nell'arco di tempo, se ci vuole più tempo. Le fasi da 1 a 3 hanno posto le basi per una diagnosi approfondita e per il ritrattamento dei singoli incidenti. Mentre i gesti oculari (o i tocchi o i toni) vengono utilizzati nelle tre fasi successive (da 4 a 6), essi sono solo una componente di un approccio terapeutico complesso.

L'approccio graduale all'uso della tecnica in otto fasi aiuta i professionisti esperti e qualificati dell'EMDR a ottimizzare l'impatto terapeutico del paziente in modo sistematico e organizzato. Questo aiuta anche il paziente e il terapeuta a tracciare il successo di ogni sessione terapeutica.

Fase 4: Desensibilizzazione:

Questo processo si concentra sui sentimenti e sulle esperienze sconvolgenti dell'individuo, sulla base delle fasi di classificazione di LDS. Questa fase si occupa di tutte le reazioni dell'individuo (inclusi altri pensieri, idee e connessioni che possono sorgere) man mano che l'evento target si sposta e i suoi elementi sconvolgenti vengono superati. Questo processo offre l'opportunità di identificare e rielaborare gli incidenti correlati che possono essere accaduti e che sono associati a traumi.

In questo modo, un paziente può potenzialmente raggiungere i suoi obiettivi iniziali e diventare consapevole di soddisfare le sue aspettative. Durante la desensibilizzazione, il terapeuta accompagnerà la persona attraverso una serie di stimoli bilaterali (occhio, suono o battito) fino a quando i suoi livelli di SML non saranno ridotti a zero (o 1 o 2, se del caso). A partire dall'obiettivo principale, si consiglia al paziente di considerare le varie connessioni in relazione alla memoria di lavoro. Per esempio, una persona può iniziare con un brutto evento e presto avere un accesso più ottimistico ad altre esperienze in relazione all'obiettivo iniziale. Il terapeuta deve indirizzare il paziente a raggiungere l'obiettivo.

Fase 5: Installazione:

L'obiettivo è quello di focalizzare e aumentare la forza della convinzione positiva che il paziente ha stabilito per rimuovere la sua convinzione negativa originale. Per esempio, un paziente può iniziare con un'immagine mentale di essere stato maltrattato da un padre o con una percezione negativa che "non ho alcun controllo". Durante il processo di desensibilizzazione, il paziente ritorna all'orrore dell'esperienza dell'infanzia e si rende conto che, da adulto, ora ha talenti e opportunità che non esistevano da giovane.

Durante la quinta fase della terapia, la cognizione positiva di quella persona, "ora sono io che comando", forse è migliorata e montata. La cognizione positiva viene poi misurata utilizzando la scala di validità della cognizione (COV). L'obiettivo è che una persona riconosca la piena verità della sua autoaffermazione positiva al livello 7.

Per fortuna, proprio come l'EMDR non può far sì che nessuno si liberi delle proprie emozioni negative, quindi non può fargli credere qualcosa di buono che non sia necessario. Pertanto, se una persona è consapevole che ha davvero bisogno di imparare alcune nuove abilità, come l'addestramento all'autodifesa, per avere il pieno controllo della situazione, la validità di tale convinzione positiva aumenterà solo fino al livello corrispondente, come 5 o 6 sulla scala COV.

Fase 6: Scansione del corpo:

Se la consapevolezza positiva viene migliorata e attivata, il terapeuta chiederà all'individuo di portare alla mente l'evento target originale e di verificare l'eventuale stress residuo nel corpo. Infine, gli stimoli fisici si basano sulla rielaborazione. Centinaia di test di sessione EMDR suggeriscono che ci sono risposte fisiche a sentimenti senza risposta.

Questo risultato è stato confermato da una ricerca indipendente sulla memoria, che ha dimostrato che quando una persona è colpita negativamente da un trauma, la conoscenza di un evento traumatico viene memorizzata nella memoria del corpo (memoria motoria) invece che nella memoria verbale, e vengono mantenute le emozioni e i sentimenti negativi.

Percezioni fisiche dell'incidente. Tuttavia, man mano che queste informazioni vengono memorizzate, possono spostarsi nella memoria narrativa (o verbalizzabile), e gli stimoli fisici e le emozioni negative ad essa associate svaniscono. Pertanto, una sessione EMDR non è considerata riuscita fino a quando il paziente non riesce a portare l'obiettivo originale alla coscienza senza provare il disagio del corpo. Le convinzioni positive sono essenziali, ma devono essere abbracciate al di là di un livello strettamente concettuale.

Fase 7: Chiusura:

Questo processo conclude tutte le sessioni di terapia. La chiusura assicura che l'individuo si senta meglio che alla fine di ogni sessione. Quando la terapia desiderata per un'esperienza traumatica non viene completata in una singola seduta, il terapeuta può incoraggiare il paziente a utilizzare una serie di strategie autoassicuranti per ripristinare il senso di equilibrio.

Durante tutta la sessione EMDR, il paziente ha avuto il controllo (per esempio, al paziente viene detto di alzare la mano con una richiesta di "stop" in qualsiasi momento), ed è fondamentale che il paziente continui a sentirsi in controllo al di fuori dell'ufficio del terapeuta. Spieghiamo cosa aspettarsi tra una seduta e l'altra (una certa quantità di elaborazione può continuare a verificarsi anche dopo la seduta; alcune delle nuove informazioni prenderanno coscienza).

Fase 8: Rivalutazione:

Questo processo riaprirà tutte le nuove sedute. All'inizio delle sedute successive, il terapeuta verifica che gli esiti positivi (bassi tassi di agitazione, alti COV, nessuna tensione corporea) siano stati preservati, riconosce nuovi luoghi che richiedono cure e procede a rielaborare il materiale per raggiungere ulteriori obiettivi.

Il processo di rivalutazione guida il terapeuta attraverso le strategie di recupero necessarie per affrontare le preoccupazioni del paziente. Come in ogni tipo di terapia di successo, il processo di rivalutazione è fondamentale per valutare l'efficacia delle cure nel tempo. Mentre i pazienti sperimenteranno un sollievo quasi istantaneamente con l'EMDR, è importante avere un'immagine chiara dei problemi affrontati durante le otto fasi del trattamento.

Protocollo in tre parti (passato, presente, futuro)

Al completamento della pianificazione della terapia (fase 1) e della preparazione e stabilizzazione (fase 3), la terapia EMDR comprende un protocollo in tre parti che affronta i ricordi/scenari rilevanti del passato, del presente e del futuro.

Come parte di questo approccio, il terapeuta aiuta il cliente a identificare i dettagli di ogni memoria/scenario (fase 3) e ad elaborarlo (fasi 4, 5, 6). Sulla base del modello IPA, in primo luogo, al cliente viene chiesto di rielaborare le esperienze del passato (sia precedenti che più recenti) associate alle difficoltà attuali. L'elaborazione si concentra poi sulle situazioni attuali che causano reazioni non adattive nel presente (inclusi pensieri negativi, emozioni, sentimenti e comportamenti).

Non appena i ricordi del passato e del presente vengono elaborati, al cliente viene chiesto di immaginare opzioni per un comportamento adattivo, da usare come scenario di ricordi per il futuro. Questo viene fatto in relazione a ciascuna delle situazioni definite in precedenza nel presente che causano reazioni disfunzionali.

Poi vengono elaborati gli scenari, che includono informazioni cognitive, somatiche e comportamentali, che contribuiscono alla loro integrazione in una rete adattiva di memorie. Poi al cliente può essere chiesto di affrontare una particolare situazione che causa difficoltà e di dare al terapeuta un feedback che lo aiuti a decidere sulla necessità di continuare la terapia, il che contribuisce alla loro integrazione in una rete adattiva di ricordi.

 Poi al cliente può essere chiesto di affrontare una particolare situazione che causa difficoltà e poi dare al terapeuta un feedback che lo aiuterà a decidere sulla necessità di continuare la terapia. Il che contribuisce alla loro integrazione in una rete adattiva di ricordi. Poi al cliente può essere chiesto di affrontare una particolare situazione che causa difficoltà e poi dare al terapeuta un feedback che lo aiuterà a decidere sulla necessità di continuare la terapia.

CAPITOLO TRE

Come superare gli eventi traumatici

Siamo tutti vulnerabili al rischio di incontrare circostanze avverse nella nostra vita. Si parla di disagio psicologico (dal greco "ferite dell'anima") quando tali circostanze hanno un impatto significativo sulla salute dell'individuo. In questi momenti, la paura e il dolore estremi sono percepiti per disturbare il senso di conforto, stabilità e prevedibilità. Grazie alla loro ricchezza e all'aiuto di amici vicini, la maggior parte delle persone traumatizzate è in grado di raggiungere un nuovo equilibrio.

Tuttavia, le ferite possono ancora iniziare a sanguinare, anche a distanza di anni. Questo perché la memoria rimane conservata nel cervello così come è stata vissuta, senza essere elaborata. Così, questo ricordo rimane congelato con le sue relative emozioni: rabbia, rancore, paura, impotenza, vulnerabilità... Il dolore è sempre presente; i sentimenti sono vividi, tanto che l'incidente sembra essere avvenuto poche ore fa. Per questi casi, il tempo non cura nessuna ferita in una volta sola.

Esperienze di pericolo, insicurezza, minaccia e impotenza possono lasciare il segno. Infatti, cambiano l'idea di sé, gli atteggiamenti, le emozioni e le relazioni con gli altri nel corso della vita.

Studi neuroscientifici hanno dimostrato che il trauma colpisce anche specifiche aree del cervello, influenzandone il funzionamento. Quando un trauma rimane irrisolto, diventa parte di un circolo vizioso di pensieri, emozioni e sensazioni corporee inquietanti. I ricordi traumatici sono memorizzati nel cervello in modo diverso dai ricordi non traumatici. Infatti, si trovano principalmente nell'emisfero destro, separati dai ricordi positivi. Sono congelati e bloccati in uno spazio e in un tempo diverso dal resto della nostra vita. Qui continuano ad agire e non si integrano con altri ricordi e con l'esperienza attuale.

I traumi sono tutti uguali?

Si possono distinguere due tipi di traumi, diversi per durata, intensità e modalità: quelli con la "T maiuscola" e quelli con la "t minuscola". Il primo è causato da episodi molto gravi in cui ci si sente in pericolo. Ne sono un esempio le catastrofi naturali, gli incidenti stradali, le aggressioni, gli abusi e gli stupri, il lutto, l'omicidio o il suicidio dei propri cari. Il trauma con la "t minuscola" è invece generato da esperienze che sembrano irrilevanti. Tuttavia, queste possono giocare un ruolo importante nell'influenzare il funzionamento psicologico di una persona, soprattutto se ripetute nel tempo o subite in momenti di particolare vulnerabilità o nell'infanzia. Sono situazioni e relazioni in cui ci si sente continuamente insicuri, in pericolo o denigrati, spesso si tratta di un'atmosfera relazionale inespressa. In questi casi si vivono continuamente umiliazioni, abbandoni, trascuratezza e paure.

Principali sintomi del trauma

Un trauma psicologico comporta una serie di sintomi che si noteranno non solo a livello emotivo, ma anche fisico.

Se volete sapere se soffrite dei principali sintomi di un trauma prima di recarvi da uno specialista per un aiuto psicologico, ve li presentiamo qui di seguito:

Sintomi fisici del trauma psicologico

- Problemi di sonno e incubi. Il trauma impedisce il riposo durante le ore di sonno, creando spaventamenti e paure all'ora di andare a dormire.

- Alterazione del comportamento con forti scoppi di violenza. C'è una maggiore irritabilità nell'individuo che lo porta a mostrare comportamenti aggressivi con stimoli minimi.

- Tensione muscolare permanente e preoccupazione. Questo eccesso di vigilanza prodotto dal trauma provoca disturbi muscolari e gravi contratture.

- Elevata sensibilità alle minacce legate e non legate all'evento. C'è un eccesso di zelo per alcuni eventi che sono correlati all'evento che ha causato il trauma (per esempio, per le auto se l'evento è legato a un incidente stradale). Inoltre, questa sensibilità è evidente in situazioni che non sono correlate, ma che possono essere minacce potenziali.

- Problemi di concentrazione. Un carico di tensione mentale causa problemi di concentrazione, sia nelle attività quotidiane che sul lavoro.

- Problemi di memoria e di attenzione. Come per la concentrazione, la nostra mente è sopraffatta, e i problemi si verificano nel ricordare gli aspetti della vita quotidiana, così come nel prestare attenzione a ciò che ci circonda.

- L'eccesso di attenzione si fa sentire di fronte a stimoli inaspettati (suono del telefono, caduta di un oggetto... ecc.).

Sintomi emotivi di un trauma psicologico

- Incapacità di provare sentimenti ed emozioni positive (felicità, gioia, entusiasmo...). Sì, sperimenterete emozioni negative (stress, ansia, angoscia, angoscia...) in un modo migliore.

- Sintomi dissociativi. Ci sarà un senso alterato della realtà, percependo le cose al rallentatore, per esempio. Questo è noto come derealizzazione. D'altra parte, si arriva anche a vedere se stessi da un'altra prospettiva, un fatto noto come spersonalizzazione.

- L'incapacità di ricordare un aspetto importante dell'evento traumatico. Ciò è dovuto all'amnesia dissociativa, che fa sì che l'individuo perda parzialmente la memoria riguardo al fatto che ha causato il trauma.

Principali effetti del trauma psicologico

Ora che abbiamo conosciuto i principali sintomi del trauma, possiamo passare a discutere degli effetti che esso provoca. Ed è che in questo caso, possiamo trovare i principali effetti sull'individuo:

Disturbi fisici e psicologici

Uno dei principali effetti del trauma risiede nei diversi disturbi che può causare, sia fisicamente che psicologicamente.

Questi disturbi, se non vengono curati in tempo e da uno specialista, possono diventare cronici e, a loro volta, potenziare un'altra serie di disturbi e fobie.

Problemi di adattamento

La somma dell'evitamento con i disturbi di cui sopra crea una serie di problemi di adattamento nell'individuo, che gli impediscono di condurre una vita normale.

È comune trovare l'evitamento dei ricordi e dei pensieri associati all'evento traumatico, così come l'evitamento di ricordare le persone e gli elementi esterni che risvegliano quell'evento in questione.

A sua volta, si producono una serie di credenze e aspettative negative che creano una visione esagerata di sé e del mondo che lo circonda, causando i problemi di adattamento di cui abbiamo parlato.

Disturbi cronici

Un effetto culminante e che abbiamo già commentato in precedenza è che la persistenza del trauma psicologico nel tempo può causare una serie di effetti cronici.

Pertanto, è necessario affrontare questo tipo di situazione nel tempo attraverso uno specialista della salute mentale che possa aiutare con la terapia appropriata.

Come il trauma ci colpisce

La vita scorre come se fosse una narrazione, ma molti momenti sono interrotti da eventi traumatici. Succede qualcosa e noi non eravamo pronti. In fondo, che effetto hanno su di noi i traumi?

In molti casi, i rimpianti o i sensi di colpa causano più sofferenza nelle persone colpite dal trauma che il ricordo dell'evento stesso. Molte delle persone che lo rivivono quotidianamente sono sminuite, terrorizzate, arrabbiate, sentono di perdere il controllo.... Sono sicuri che avrebbero potuto fare di più, che avrebbero potuto essere più attenti, che avrebbero potuto arrivare in ritardo e scegliere un altro modo per tornare a casa. Si deprezzano per non aver previsto il futuro.

Si giudicano crudelmente quando tutto è passato quando il resto delle possibilità, molto probabilmente, è evaporato, e ne rimane solo una.

La realtà di come il trauma ci colpisce

Il trauma appartiene al passato, ma i segni lasciati sono profondi; in alcuni casi, permanenti, condizionano la persona e le sue emozioni, i pensieri e il comportamento. Ad esempio, attraverso la tecnica di Rorschach, si è scoperto che le persone traumatizzate tendono a scavalcare il trauma per tutto ciò che le circonda.

In altre parole, e come complemento a quanto abbiamo già sottolineato, il trauma colpisce anche l'immaginazione, che è necessaria per contemplare nuove possibilità. Paradossalmente, e come esempio, è stato dimostrato come molti soldati di guerra si siano sentiti pienamente vivi solo quando hanno ricordato il loro passato traumatico.

Mente, cervello e corpo

Aiutare le vittime di traumi a raccontare le loro storie è importante, ma aiutarle a costruire una storia o motivarle a farlo non significa che i ricordi traumatici scompariranno. Perché ci sia un cambiamento, il corpo deve imparare a vivere nella realtà attuale, senza paura di quel pericolo che è passato.

Ricerche che cercano di capire come il trauma ci colpisce hanno dimostrato che le persone che vengono maltrattate durante l'infanzia tendono ad avere sensazioni che non hanno una causa fisica. Per esempio, sentono voci inquietanti o hanno un comportamento autodistruttivo o violento. I frammenti non elaborati del trauma sono registrati a margine della storia.

Quando le persone traumatizzate sono esposte a stimoli legati alla loro esperienza, l'amigdala (centro della paura) reagisce, dando un segnale di allarme. Questa attivazione innesca una cascata di impulsi nervosi che preparano il corpo a fuggire, combattere o fuggire.

La minaccia del "me".

Per capire meglio come i traumi ci colpiscono, vale la pena ricordare che il sistema di base dell'"io" si divide tra il tronco cerebrale e il sistema limbico, che si attiva quando le persone vedono la loro vita minacciata. La sensazione di paura è accompagnata da un'intensa attivazione fisiologica. Quando le persone rivivono il trauma, si ritrovano con quella sensazione di minaccia, che paralizza o fa infuriare. Dopo il trauma, la mente e il corpo sono costantemente attivati come se si trovassero di nuovo di fronte a quel pericolo imminente.

Le persone traumatizzate sentono che il passato è vivo nel loro corpo perché sono bombardate continuamente da segnali di allarme viscerali. Molti di loro si sentono cronicamente insicuri e, di fronte a qualsiasi cambiamento sensoriale, rispondono sconnettendo, con attacchi di panico, il controllo esterno (droghe, meditazione, compulsioni...). Così, l'incapacità di connettersi con il corpo in modo continuo spiega la mancanza di autoprotezione, le difficoltà di provare piacere, e gli alti tassi di vittimizzazione.

La terapia EMDR e la consapevolezza: un tandem che funziona

Due approcci comportamentali che tendono a lavorare bene insieme e che vengono utilizzati insieme. La desensibilizzazione dei movimenti oculari e la terapia di rielaborazione (EMDR) è una procedura psichiatrica che è iniziata come trattamento traumatologico per alleviare sintomi come l'ipervigilanza e i ricordi intrusivi. È stata estesa ai veterani di ritorno dalla guerra del Vietnam e alle donne che hanno subito abusi sessuali.

La terapia EMDR si basa sul modello Adaptive Information Processing (AIP). L'idea sostiene che la nostra mente ha una capacità intrinseca di gestire tutto ciò che ci accade, e lo fa in modo sicuro. La domanda si pone quando l'esperienza traumatica non viene gestita in modo adeguato. In questi casi, le impressioni vengono mantenute così come sono state inizialmente codificate e spesso accompagnate da pensieri, sentimenti e immagini distorte.

Molti professionisti rispettati hanno efficacemente unito l'EMDR con la pratica della consapevolezza. La consapevolezza è vagamente caratterizzata come consapevolezza coscienziosa senza indifferenza per ciò che accade nella mente, tolleranza, compassione e curiosità vocale. Queste due strategie combinate, la terapia EMDR e la consapevolezza, hanno dimostrato di essere estremamente efficaci nel guarire l'ansia e spersonalizzare gli eventi traumatici che sono accaduti.

Nella terapia EMDR, i ricordi che sono stati immagazzinati in modo disfunzionale (isolati, informi e bloccati nella loro forma originale nel sistema limbico) vengono poi elaborati nella neocorteccia come memoria semantica. Il formato semantico che diamo a questi ricordi aiuta a digerirli emotivamente e ad esistere nelle reti della memoria con una narrazione personale coerente.

L'EMDR allevia anche il sistema nervoso simpatico reattivo associato alle esperienze traumatiche e riduce considerevolmente l'attivazione fisiologica.

Questo è ciò che collega la terapia EMDR e la consapevolezza. La Dott.ssa Laurel Parnell, una rinomata terapista EMDR, si è interessata alla consapevolezza nel 1972. Soprattutto nell'analogia di osservare la propria mente come laboratorio e scoprire le proprie verità in questo modo.

Parnell ha completato la sua terapia EMDR con consapevolezza dopo aver condotto diversi ritiri di formazione con pionieri del calibro di Jack Kornfield e Joseph Goldstein.

Molti monaci tibetani usano anche la visualizzazione e il potere delle immagini per coltivare qualità importanti come la compassione, il potere e la saggezza. La consapevolezza è parte dell'allenamento yoga, una tradizione che enfatizza la percezione del corpo ad un livello molto profondo. La consapevolezza ci aiuta a sperimentare le informazioni piuttosto che a giudicarle.

Focalizzata sul presente

Entrambe le tecniche, sia l'EMDR che l'attenzione, sono focalizzate sul presente. Per questo motivo aiutano a sentire ciò che viene vissuto e a vedere gli eventi traumatici o la depressione come eventi transitori della coscienza.

Questo tandem è progettato per sciogliere i nodi dei traumi intrappolati o eccessivamente svegli sotto uno stato di ipervigilanza. In breve, aiutano a raggiungere una risoluzione adattiva dei ricordi stressanti.

CAPITOLO QUATTRO

EMDR Per i traumi infantili

Il TRAUMA BAMBINO può essere descritto come il risultato mentale di un evento estremo e inaspettato o di una serie di eventi altamente stressanti. Queste esperienze traumatiche portano il bambino a sentirsi impotente. Tali interazioni hanno portato a un deterioramento delle normali capacità di sopportazione del bambino.

Ogni esperienza in cui incontriamo ingiustizia, paura o dolore da bambini, insieme a un senso di impotenza, può essere definita trauma infantile. Quando noi, da bambini, subiamo traumi frequenti (sia emotivi che ambientali) e non possiamo contare su una relazione stabile con le proprie figure genitoriali, rischiamo di seguire traiettorie di sviluppo estremamente povere e compromesse. Questo è dovuto al fatto che noi, come adolescenti, siamo molto notevoli e non abbiamo un grado di maturità, come una comprensione matura della vita e di noi stessi.

Tendiamo a fidarci molto degli adulti, in particolare dei genitori che hanno una grande reputazione ai nostri occhi. E se un adulto fa o fa qualcosa di negativo o dannoso, diamo la colpa a noi stessi, non ai problemi di un adulto.

Le circostanze, i disaccordi e le difficoltà che abbiamo incontrato durante l'infanzia non sempre si perdono nel passato. In realtà, molti di questi incontri indugiano nel profondo dell'inconscio, e da lì esercitano il loro effetto sulla nostra vita quotidiana, anche se non sempre li ricordiamo.

Conseguenze del trauma infantile

Quando subiamo un trauma o una lesione emotiva, il bambino che è ancora dentro di noi continua a reagire come se fosse in pericolo, impedendoci di rispondere in modo adattivo e appropriato alla nostra età e maturità. In pratica, di fronte a certe situazioni, questo bambino spaventato, umiliato e abbandonato prende ancora il sopravvento.

Piccoli e grandi traumi psicologici vissuti nell'infanzia hanno un impatto significativo sull'insorgere di stress psicologico e sullo sviluppo di vari disturbi mentali. Anche gli aspetti caratteriali, come la timidezza o la tendenza a sentirsi colpevoli, possono essere la conseguenza di un trauma. In particolare, i traumi interpersonali hanno un impatto sugli aspetti caratteriali, come i rifiuti, le umiliazioni, le colpe, tanto più gravi quanto più si ripetono.

Un trauma psicologico irrisolto costituisce un carico disfunzionale nel cervello di una persona e lo rende più fragile rispetto all'impatto con altre possibili difficoltà successive della vita; in breve, la resilienza diminuisce. Per questo motivo, diciamo che un trauma irrisolto tende a "diventare complesso", dando origine a modalità disfunzionali di relazione con se stessi, con gli altri e con la realtà interna, che possono diventare la base di sintomi diversi.

Essere vittima di eventi traumatici porta a conseguenze che si possono riscontrare non solo a livello emotivo, ma anche a livello corporeo. La ricerca scientifica ha dimostrato che le persone che hanno subito un grave trauma infantile portano anche segni nel cervello. Ad esempio, è possibile rilevare un volume ridotto sia dell'ippocampo che dell'amigdala. Queste scoperte, avvenute negli ultimi anni grazie all'uso di strumenti di indagine sempre più sofisticati, fanno luce sulla stretta connessione mente-corpo. Ciò che ha un forte impatto emotivo colpisce anche il corpo.

Come funziona l'EMDR per bambini e adolescenti?

I bambini e gli adolescenti possono essere estremamente vulnerabili a determinati eventi traumatici. Alcune situazioni che a priori non possono rappresentare un evento significativo per un adulto, come l'appello all'attenzione di un insegnante, una critica negativa da parte di un compagno di classe, o qualsiasi realtà che rappresenti un sentimento di pericolo e di incomprensione nel bambino, possono causare l'innesco di un processo traumatico nella mente.

Il trattamento EMDR si adatta perfettamente alla popolazione infantile e adolescenziale, tenendo conto dello sviluppo evolutivo di ogni bambino e delle sue caratteristiche. Durante la terapia EMDR per bambini e adolescenti, combiniamo vari elementi come il gioco, la terapia cognitivo-comportamentale e la terapia familiare, tra gli altri; in questo modo, rendiamo il paziente più ricettivo al lavoro con EMDR.

Le sessioni di EMDR con bambini e adolescenti possono essere un po' diverse da quelle per gli adulti, soprattutto se hanno difficoltà ad identificare ciò che gli sta succedendo. In questi casi, per aiutarli a identificare le situazioni problematiche, utilizziamo rappresentazioni simboliche, come bambole, disegni o storie. Ad esempio, mentre applichiamo loro una stimolazione bilaterale, possiamo chiedere al bambino di raccontarci una storia, attraverso la quale può esprimere come si sentono i diversi personaggi. Questo lavoro simbolico permette di elaborare le emozioni senza bisogno di esporre il bambino all'esperienza traumatica, così come il cervello lavora durante la fase REM.

Con una psicoterapia incentrata sull'elaborazione dei traumi infantili, questi eventi traumatici possono essere affrontati ed elaborati per garantire alla persona la liberazione da schemi e automatismi legati all'esperienza traumatica che fanno della propria vita un copione disfunzionale.

Uno dei metodi, recentemente sviluppato, che si è dimostrato più efficace nel breve periodo per l'elaborazione di piccoli e grandi traumi infantili, e i cui effetti sono ancora presenti, è l'EMDR (Eye Movement Desensitization and Reprocessing).

Si tratta di una metodologia terapeutica che agisce sul ricordo di esperienze stressanti "non digerite", non integrate con il resto delle esperienze. L'EMDR aiuta la persona ad elaborare gli eventi in cui è stata bloccata e a ridurre le sofferenze emotive e corporee.

Benefici della terapia EMDR per bambini e adolescenti

Esistono già diversi studi che sostengono la terapia EMDR come trattamento sicuro ed efficace con i bambini, dalla fase pre-verbale all'adolescenza. Il trattamento EMDR può essere applicato per una vasta gamma di patologie come ansia, incubi, incubi, terrori notturni, enuresi, problemi comportamentali, fobie, insonnia, insonnia, traumi, dolore e dipendenze, tra le altre.

Il trattamento EMDR per bambini e adolescenti li aiuta:

- diminuire l'intensità emotiva associata a certi ricordi o situazioni

- Lavoriamo direttamente al centro del processo traumatico

- Quando avremo lavorato sul nucleo traumatico principale, il miglioramento si estenderà ad altre situazioni associate

Li prepara alla corretta e sana elaborazione delle emozioni per le esperienze future.

L'abbandono è la ferita che dura più a lungo

L'abbandono del nostro partner, dei nostri genitori nell'infanzia o anche della società stessa, genera una ferita che non si vede, ma che si sente battere ogni giorno perché è una radice spennata, un legame spezzato dove prima si nutrivano le nostre emozioni e la nostra sicurezza.

Ora, c'è un aspetto di cui dobbiamo tener conto: l'abbandono non avviene solo a causa dell'assenza fisica. L'abbandono più comune è quello in cui l'autenticità emotiva cessa di esistere, dove appaiono disinteresse, apatia e freddezza. La percezione di questo vuoto è senza età, è qualcosa che ogni bambino percepirà, e che, naturalmente, devasta ogni adulto.

Spesso si dice che per capire cosa significa essere abbandonati, "bisogna essere abbandonati". Tuttavia, questo è qualcosa che nessuno merita, perché ad ogni assenza, perdiamo una parte di noi stessi, e nessuna persona dovrebbe soffrire così tanto.

Le implicazioni psicologiche derivanti da un'esperienza precoce associata all'abbandono sono generalmente abbastanza gravi. Anche se ogni bambino affronta i fatti in un certo modo, è comune che le tracce del trauma rimangano, e i traumi non vengono curati dal tempo, ma da un'adeguata gestione. Una battaglia intima e personale che molte persone stanno vivendo in questo momento ...

Abbandono: navi alla deriva cariche di assenze

La sensazione di abbandono può verificarsi in molti modi. Diventiamo navi alla deriva quando, ad esempio, perdiamo il lavoro e non troviamo il modo di rientrare nel mercato del lavoro. Siamo bloccati, come quel bambino che in tenera età viene abbandonato dalla madre, o come quell'uomo che un giorno, quando torna a casa, scopre una casa vuota e l'assenza della donna che amava.

C'è una pagina interessante chiamata "Abbandono.net", dove chiunque ne abbia bisogno può presentare la propria esperienza personale legata all'abbandono. Molti trovano terapeutico poter condividere queste esperienze, ma nella maggior parte di queste testimonianze si percepisce soprattutto un trauma avvenuto in età molto precoce: la morte del padre o della madre, l'avere un genitore alcolizzato, o essere praticamente cresciuti in solitudine...

Il fatto di soffrire un qualche tipo di abbandono nell'infanzia è qualcosa di decisivo. Tanto che gli esperti commentano che è come una seconda nascita. Se la prima è stata dolorosa ma piena di speranza, la seconda comporta il dover "rinascere" in un mondo dove non ci sentiamo amati, dove dobbiamo imparare a cavarcela soffrendo la rottura di quel cordone ombelicale che ci univa a un cuore, alle emozioni, ad alcuni bisogni che dovevano essere soddisfatti....

Conseguenze associate all'abbandono emotivo

- Soffrire l'abbandono nell'infanzia significa spesso avere serie difficoltà a stabilire relazioni stabili in età adulta. È comune diffidare, sentirsi vulnerabili, attraversare momenti di certa apatia, dove è molto difficile gestire emozioni come la rabbia o la tristezza.

- Quando una persona subisce l'abbandono della coppia o, perché no, della società stessa, può arrivare a "sabotarsi" pensando, ad esempio, di non meritare di essere felice o amata, di non avere capacità, di non avere competenze, di non valere più la pena di lottare per i propri sogni perché non c'è più niente da fare.

- Anche i problemi di codipendenza compaiono, hanno bisogno di approvazione e riconoscimento e, a loro volta, arrivano a dare troppo di sé agli altri sentendo che, in seguito, ciò che si riceve non è uguale a ciò che si investe.

- A sua volta, è comune soffrire di certe "reminiscenze emotive". A volte qualcosa o qualcuno riattiva i loro sentimenti di abbandono, e tutto il loro mondo si blocca di nuovo.

Come guarire la ferita dell'abbandono

La ferita dell'abbandono deve essere guarita prestando particolare attenzione all'autostima e, soprattutto, alla capacità di perdonare, di liberarsi da quel passato come qualcuno che taglia il filo di un palloncino molto scuro e lo lascia andare. Anche se, ovviamente, è un passo molto difficile da compiere.

La desensibilizzazione dei movimenti oculari e la terapia di rielaborazione (EMDR), ad esempio, sono spesso molto utili per individuare e trasformare i ricordi traumatici dell'infanzia. Permette alla persona di liberare la mente, il corpo e di aprire il cuore per offrire un adeguato sollievo emotivo.

A loro volta, gli esperti di esperienze traumatiche suggeriscono l'importanza di imparare a comunicare i bisogni emotivi. Attraverso le parole, le persone ferite saranno in grado di connettersi con le persone nel loro ambiente che possono aiutarle e sostenerle, stabilendo così relazioni più sicure.

Qualcosa di essenziale come imparare a prenderci cura di noi stessi, dando priorità ogni giorno al disconnettersi gradualmente dalla rabbia e dal risentimento, ci permetterà di smettere di essere prigionieri delle ferite di ieri. La memoria non può cancellare la tristezza del passato, ma può dare loro calma e tranquillità come qualcuno che guarda scorrere un fiume. Tutto passa, e anche se le pietre più fredde e scure rimangono sul fondo, l'acqua scorre limpida e pura su di esse.

Interruzione del ciclo di abusi sui bambini

Si riconosce che la violenza infantile si riproduce di generazione in generazione. Anche se non è comune, i figli di persone con dipendenze sono più a rischio di violenza e di dipendenza. Le ragioni per cui le persone che sono state sfruttate sessualmente durante l'infanzia tendono ad avere relazioni abusive in età adulta, sia come abusatori che come vittime, sono complesse e ben note. Tuttavia, si tratta di una violazione del continuum degli abusi sui minori? In che modo la storia degli abusi sui bambini significa che i matrimoni violenti sono inevitabili?

Sicuramente non lo sono. Potete fermare il ciclo della violenza seguendo questi consigli e imparare ad avere rapporti buoni e amorevoli con i vostri figli.

1- Fatevi aiutare

Anche se questo è ingiusto per molti genitori, il sostegno a noi stessi è uno dei passi più importanti per spezzare il ciclo della violenza infantile. Diventerete più razionali riguardo alle azioni dei vostri genitori e al vostro comportamento, risolvendo il dolore di ciò che vi è accaduto e prendendo decisioni migliori su come far nascere i vostri figli. Questo elimina anche il bagaglio emotivo per la vostra educazione, rendendovi meno vulnerabili agli sbalzi d'umore, ai problemi di rabbia e alle droghe e ai comportamenti che creano dipendenza.

Ottenete sostegno dai maltrattamenti del passato e dalla vostra dipendenza. Se il vostro partner è dipendente, esortatelo a chiedere assistenza.

2- Imparare i buoni limiti

Sentiamo parlare molto di "confini", ma non capiamo quali siano i confini, né come definirli. I confini sono i limiti che voi definite e che determinano quali tipi di comportamento sono accettabili o inaccettabili. I limiti sono importanti sia per i bambini che per i genitori. Il genitore deve usare i confini per controllare il proprio comportamento nei confronti del figlio - per impedirgli di oltrepassare il limite dell'abuso - e stabilire un buon limite per i figli, in modo che i figli sappiano cosa ci si aspetta da loro.

I confini differiscono in qualche misura da individuo a individuo, da famiglia a famiglia. Ma i vostri limiti proteggono anche il vostro bambino da danni, abusi, uso di droghe e attività sessuali.

3 - Conoscere i propri bisogni emotivi attraverso le relazioni con gli adulti

L'abuso sui bambini può iniziare con il genitore che pensa fortemente al bambino e crede di avere una relazione stretta e amorevole. Gli adulti possono iniziare a dipendere dal bambino per le cose di cui hanno bisogno per provvedere a se stessi o per ricevere da altri adulti. Questo include le esigenze emotive che affrontate quando vedete vostro figlio come qualcuno su cui potete scatenare i vostri sentimenti e che vi darà compassione, comprensione e amore incondizionato. Anche se i bambini devono imparare a prendersi cura degli altri, non devono essere usati per soddisfare le esigenze emotive dei loro genitori. Questo pone il fardello sul bambino per il quale non sono pronti.

4 - Tenete i sex shop separati dal rapporto con il vostro bambino

Molti adulti hanno bisogno di una qualche forma di interazione sessuale. Può essere trasmessa in un rapporto sessuale equilibrato, o con la masturbazione privata. È necessario riconoscersi per la necessità di avere un contatto sessuale per proteggere il proprio figlio dalla violenza. I genitori possono non sapere che la loro rabbia sessuale può "riversarsi" nella relazione del loro bambino parlando (o parlando esplicitamente) di fare sesso con il bambino prima che sia pronto, facendo osservazioni calunniose, facendo battute offensive, avendo rapporti sessuali o contatti sessuali con il bambino. È inaccettabile che un bambino i cui limiti sessuali non sono ancora stati superati e che deve potersi fidare dei genitori per non fare sesso con loro.

5 - Proteggere il bambino dagli altri

L'abuso sessuale può avvenire in famiglia, ma può anche accadere quando altre persone che il bambino conosce sono in grado di abusare di loro. L'abuso sessuale da parte di estranei è in realtà piuttosto insolito - la maggior parte delle vittime e dei maltrattatori sono noti. Parte del vostro lavoro di genitori è quello di proteggere il vostro bambino da altre persone che possono abusare di lui, compreso il vostro partner. Dovreste sempre ascoltare e rispondere a vostro figlio se gli viene detto che qualcuno ha abusato di lui. Può sembrare sorprendente, ma i genitori possono bendarsi per anni mentre l'altro genitore o il genitore abusa del proprio figlio - questo è un classico tipo di negazione.

6 - Alimentare il bambino in modo non sessuale

Tutti i bambini hanno bisogno di un equilibrio tra disciplina (confini) e nutrimento. Le persone che hanno subito abusi sessuali da bambini possono non sapere come prendersi cura del loro bambino in modo sano, quindi possono usare cure inappropriate o possono evitare del tutto di crescere il bambino. Ci sono molte cose che potete fare per educare il vostro bambino senza toccarlo, ascoltarlo, interessarvi alla sua vita, aiutarlo a risolvere i problemi, giocare insieme e condividere il suo tempo. Il calore si esprime anche guardando, sorridendo e rispondendo a vostro figlio. Tuttavia, il contatto affettuoso e non sessuale, abbracciando, tenendosi per mano e orientandosi fisicamente quando il bambino ne ha bisogno, non è un abuso ed è anche un modo importante per prendersi cura di lui.

7 - Evitare gravi sanzioni

L'uso di punizioni come lo sforzo e l'umiliazione può privare il bambino del suo diritto al dolore fisico ed emotivo, rendendolo più vulnerabile agli abusi. C'è una grande sovrapposizione tra abuso fisico, emotivo e sessuale, e le vittime riferiscono costantemente che l'abuso emotivo è la forma più intollerabile che le rende vulnerabili all'uso di droghe per far fronte al dolore emotivo. In alcuni casi, il dolore e le emozioni negative possono essere collegate all'eccitazione sessuale, rendendo il bambino più vulnerabile alla violenza sessuale e alla dipendenza dall'atto sessuale. Utilizzate dei confini chiari, in modo coerente e sistematico, per dare forma al comportamento di vostro figlio. Se questo non bastasse, cercate un aiuto professionale.

8- Utilizzate le risorse dei genitori

Anche se non avete avuto un'esperienza di infanzia felice e sana, potete fornire questo a vostro figlio. Ci sono più risorse per i genitori che mai, compresi i libri per genitori, i gruppi di genitori e l'aiuto professionale. Non evitate di approfittarne tutte le volte che ne avete bisogno.

Vantaggi della terapia EMDR per bambini e adolescenti

L'EMDR è un metodo molto efficace per bambini, adolescenti e adulti. Quando si verifica un comportamento strano all'improvviso, è utile per scoprire cosa c'è dietro. Che cosa è successo al bambino riguardo a questo comportamento? L'EMDR può essere utilizzato come metodo di trattamento quando possiamo stabilire l'associazione tra le difficoltà o i disturbi del bambino e uno o più eventi traumatici.

L'EMDR con i bambini è indicato dopo un evento traumatico (morte di una persona cara, morso di un animale). Il bambino può mostrare segni di stress post-traumatico come incubi, problemi comportamentali, rabbia o l'evento che può essersi verificato all'inizio della vita del bambino e non ricorda i dettagli necessari.

L'EMDR con i bambini si basa sullo stesso principio che con gli adulti. Quando abbiamo vissuto un trauma, possono comparire dei disturbi, che mettono il cervello a dura prova l'evento, senza che ce ne rendiamo conto, e sono le esperienze traumatiche non digerite che sono all'origine di questi disturbi.

È in questo senso che se dobbiamo incontrare un bambino per fare EMDR, un primo incontro con i genitori e il bambino per decidere insieme il lavoro che possiamo svolgere insieme, che è essenziale nel lavoro con il bambino è che non si può lavorare senza i genitori. La terapia EMDR offre una soluzione efficace, facilmente accessibile, che lenirà il bambino in pochissime sessioni, così come i genitori e il funzionamento della terapia, così come il numero di sessioni necessarie a seconda dell'età del bambino.

Esistono già diversi studi che sostengono la terapia EMDR come un trattamento sicuro ed efficace con i bambini, dalla fase pre-verbale all'adolescenza. Il trattamento EMDR può essere applicato per una vasta gamma di patologie come ansia, incubi, incubi, terrori notturni, enuresi, problemi comportamentali, fobie, insonnia, insonnia, traumi, dolore e dipendenze, tra le altre.

Il trattamento EMDR per bambini e adolescenti li aiuta:

- diminuire l'intensità emotiva associata a certi ricordi o situazioni

- Lavoriamo direttamente al centro del processo traumatico

- Quando avremo lavorato sul nucleo traumatico principale, il miglioramento si estenderà ad altre situazioni associate

- Li prepara alla corretta e sana elaborazione delle emozioni per le esperienze future.

CAPITOLO CINQUE

EMDR per attacchi di panico

Gli attacchi di panico o le crisi sono stati classificati dall'OMS già nel 1980, ed è una condizione inclusa tra i disturbi d'ansia, che colpisce il 30% della popolazione mondiale, cioè tre persone su dieci soffrono di questo disturbo.

È caratterizzata dall'improvvisa installazione di una paura intensa non specificata o di una paura senza uno stimolo esterno che apparentemente la scatena, questo, accompagnata da sintomi emotivi, fisici e cognitivi come il pensare che stia per accadere qualcosa di terribile, il voler fuggire, la paura di svenire e la mancanza di controllo, un senso di irrealtà o di stranezza su ciò che sta accadendo o su se stessi e una sensazione di essere come in un tunnel come se si fosse annebbiati. Le persone con questo disturbo molto spesso pensano che stanno per morire, impazzire, o entrambe le cose.

I sintomi fisici più ricorrenti sono palpitazioni, sudorazione, tremore alle mani, gambe sciolte, nausea, malessere addominale, vertigini, mal di testa, senso di oppressione al petto, sensazione di soffocamento o di mancanza di respiro e soffocamento, possono anche sentire un formicolio agli arti all'inizio della crisi. Molte volte tutto appare un po' più luminoso poiché le pupille si dilatano, insomma, i sintomi sono quelli di un qualsiasi mammifero in stato di allerta, la differenza è che non c'è un vero e proprio stimolo avverso che provoca questo stato, quindi è Può diventare sempre più frequente e invalidante per la persona, producendo comportamenti di evitamento come il non uscire, evitando ogni tipo di contatto "che potrebbe" stimolare una crisi.

Gli attacchi di panico sono attacchi di intensa ansia e di panico che non sono correlati a una particolare situazione o circostanza che li rende imprevedibili. Sono una delle peggiori forme di ansia. Da soli non sono pericolosi, ma i sintomi che li accompagnano possono essere terrificanti, tanto più che si perde il controllo di se stessi. Una forte emozione blocca la mente e la priva di un meccanismo per affrontare il momento.

Ogni 1 persona su 10 ha avuto un attacco di panico almeno una volta nella vita - alcuni in forma più lieve, altri in forma più grave. Quando cominciano a ripresentarsi, è già un disturbo di panico che ha bisogno di cure.

Le persone che soffrono di disturbi d'ansia sono in costante aumento. Ciò è dovuto alla crescente tensione e allo stress insito nella nostra società moderna.

Quali sono i sintomi di un attacco di panico

Come per altri disturbi d'ansia, i sintomi principali variano in intensità, ma i più comuni sono attacchi improvvisi di palpitazioni, dolori al petto, sensazione di soffocamento, vertigini e un senso di irrealtà. Quasi sempre, c'è una paura secondaria di morte, di perdita di controllo o di follia.

Tuttavia, questo è il quadro clinico in una forma relativamente concisa. Oltre alle esperienze mentali, in un momento come quello della paura e del panico, ci sono anche sintomi da parte del corpo. Essi sono dovuti principalmente al lancio di una grande quantità di adrenalina.

Come affrontare un attacco di panico?

Gli attacchi di panico sono un'esperienza molto spiacevole. Possono comparire in qualsiasi momento e ovunque; li troviamo nei casi di depressione, ansia, disturbo ossessivo-compulsivo e anche in situazioni di alto livello di stress. Saper gestire un attacco di panico è il primo passo per superarlo, perché ci sono diverse strategie per gestirli e per smettere di vivere condizionati dalla paura di un nuovo attacco.

Prima di tutto, inizieremo spiegando cos'è in realtà un attacco di panico, e poi spiegheremo le strategie per liberarvi dall'attacco di panico nel caso in cui ne viviate uno. Vogliamo anche lasciarvi alcune idee per prevenire la comparsa di attacchi di panico, perché la prevenzione è importante quanto agire in tempi di crisi.

Come potete agire di fronte a un attacco di panico?

Il controllo della sovraattenzione è molto importante negli attacchi di panico (e in generale in qualsiasi situazione di ansia). Quindi, nel momento in cui notate l'inizio dei sintomi di un attacco di panico, cercate di usare strategie di distrazione, cioè orientate la vostra attenzione verso pensieri positivi e rilassanti.

Come strategia per rendere più facile questo controllo dell'attenzione, potete usare la respirazione controllata (livelli di ansia più bassi), leggere, ascoltare musica, parlare con qualcuno al telefono, spostare la vostra mente in un luogo sicuro, tra gli altri. Questo modo di agire prima di un attacco di panico è fondamentale per non alimentare il proprio senso di pericolo. In questo modo, tutto ciò che ti distrae e distoglie l'attenzione è efficace.

D'altra parte, quando si notano i sintomi, si raccomanda anche di spostarsi in un luogo tranquillo dove ci si possa isolare senza essere disturbati. Molte volte le persone intorno a noi cercano di aiutarci e inavvertitamente causano più ansia

Molte persone si vergognano: sono consapevoli che non sta succedendo davvero nulla, e si sentono molto deboli per non essere in grado di controllare i segnali di allarme che sanno essere ingiustificati. Stare in mezzo alla gente quando si va nel panico può far sì che si cerchi di nascondere i propri sintomi; questo può indirettamente intensificarli.

Allo stesso modo, il modo migliore per affrontare un attacco di panico quando non si riesce a fermarlo è pensare che non sia pericoloso, che passerà. Sì, oppure sì, bisogna iniziare una respirazione controllata e diaframmatica per evitare l'iperventilazione che si può creare dalla sensazione di avere il fiato corto. Cioè, quando una persona sente che sta soffocando, cerca di respirare più intensamente, e alla fine finisce per avere le vertigini perché fa entrare troppo ossigeno nel suo corpo.

In questo senso, si può portare con sé un sacchetto di carta per respirarlo, se non si è in grado di fare una respirazione controllata nei momenti di ansia. Si può anche portare con sé una serie di idee, frasi o linee guida da realizzare nei momenti di crisi, e quindi non si dovrà pensare a cosa fare nei momenti più complicati dell'attacco. Ricordate che la chiave è cercare di far lavorare la mente più lentamente e che il centro dei vostri pensieri smette di essere il vostro corpo.

Tre idee per prevenire gli attacchi di panico

Veniamo con tre idee che possono aiutarci in previsione di un attacco di panico:

- Tenere sotto controllo lo stress quotidiano e i livelli di ansia. Molte volte gli attacchi di panico sono il risultato dell'accumulo quotidiano di alti livelli di "ormoni dello stress", come il cortisolo e l'adrenalina. Prendetevi cura di voi stessi e fate in modo che stiate bene, essendo una priorità.

- Fate regolare esercizio fisico. Secondo uno studio dell'Università di Berlino, l'esercizio fisico è uno strumento molto utile per abbassare i livelli di ansia e ha anche un effetto mentale di per sé molto utile in qualsiasi processo terapeutico.

- Cercate di mettere ordine nei vostri pensieri, di fissare obiettivi e traguardi a breve termine per sentirvi più motivati e con una maggiore capacità di controllare ciò che accade a voi e intorno a voi. Quando una persona si sente stabile ed equilibrata, non ha attacchi di panico o disturbi d'ansia. Ricordate: apportare piccoli cambiamenti nella vostra vita genererà grandi miglioramenti a livello psicologico.

Disturbi di panico nei bambini

Il disturbo di panico nei bambini non differisce sostanzialmente dal disturbo di panico che un adulto può sperimentare. Forse l'elemento che più differenzia è la diversa interpretazione dei sintomi che ciascuno può dare. Ma prima di tutto, vediamo cos'è il disturbo di panico.

Un disturbo di panico è un disturbo d'ansia. L'ansia è un'emozione umana, ogni umano. Consiste nell'attivazione del sistema nervoso autonomo di fronte a stimoli o situazioni considerate minacciose. Pertanto, ha un carattere adattivo in quanto aiuta la sopravvivenza attivando le risorse dell'organismo.

L'ansia diventa problematica quando raggiunge un'intensità troppo elevata o si manifesta in situazioni in cui non c'è un reale motivo di allarme. In questo caso, perde il suo valore adattivo, causando disagio e funzionamento anomalo della persona.

L'ansia nei bambini

I bambini e gli adolescenti, come gli adulti, possono manifestare un disturbo d'ansia. Alcuni eventi, come l'inizio della scuola, la nascita di un fratello, la perdita di un parente o il cambio di casa, possono far precipitare la comparsa del problema.

Nonostante condivida molte analogie con l'ansia degli adulti, la reazione del bambino ai sintomi differisce in modo significativo. Le conseguenze negative dell'ansia infantile possono influire più che nella vita adulta, poiché le risorse che un bambino ha per gestire l'ansia non sono ancora state sviluppate.

Questo perché alcuni eventi, capaci di produrre un impatto emotivo molto forte, possono interferire con il processo di crescita e maturazione in cui il bambino si trova. Inoltre, le ripercussioni possono manifestarsi nell'ambiente sociale, scolastico, personale e familiare del bambino e possono evolvere verso patologie più gravi.

Alcuni disturbi d'ansia sono più comuni nell'infanzia di altri, come l'ansia generalizzata. Altri sono problemi specifici dell'età o eventi molto concreti, come quando il bambino si separa dai genitori o da altre figure di attaccamento.

Disturbo di panico nei bambini

Il disturbo di panico è caratterizzato dalla presenza ricorrente di attacchi di panico che durano minuti o ore. Questi consistono in sintomi avversivi, somatici (fisiologici) e cognitivi che raggiungono la loro massima intensità nei primi dieci minuti. Poi diminuisce gradualmente.

Nella popolazione infantile, i sintomi più frequenti sono palpitazioni, tremori, difficoltà respiratorie e vertigini. Come vediamo, i sintomi cognitivi (paura di morire o di perdere il controllo) sono meno comuni nei bambini. Al contrario, predominano i sintomi somatici o fisiologici.

Il disturbo di panico infantile è più comune nelle ragazze che nei ragazzi. La sua prevalenza è bassa in età precoce. Si osserva una prevalenza generale negli adolescenti dell'1% (Lewinsohn, Hops, Roberts, Secley e Andrews, 1993). Di solito inizia alla fine dell'adolescenza o a metà degli anni Trenta.

Occasionalmente, il disturbo di panico nei bambini può verificarsi con agorafobia. L'agorafobia è definita come l'intensa paura di trovarsi in situazioni da cui è difficile sfuggire o chiedere aiuto in caso di sintomo.

Qual è il modello esplicativo del disturbo di panico nei bambini?

Ritiene che l'ansia e lo stress siano i due fattori scatenanti più comuni dell'iperventilazione, indipendentemente dal fatto che possa avere altri precipitanti (condizioni mediche, esercizio fisico, assunzione di caffeina, ecc.)

L'iperventilazione comporta una respirazione eccessiva del bambino per le sue esigenze metaboliche. La ventilazione è troppo elevata rispetto al tasso di produzione di anidride carbonica. Ciò produce una riduzione della pressione sanguigna dell'anidride carbonica al di sotto del normale.

Le sensazioni che accompagnano l'iperventilazione (sudorazione, tachicardia, palpitazioni, vertigini, disturbi della vista, soffocamento, respiro corto, crampi, ecc. Questo mette in moto il meccanismo lotta-volo, aumentando i sintomi dell'iperventilazione e la paura delle sensazioni.

L'aumento dei sintomi e la conseguente paura suppongono un circolo vizioso che può culminare con la comparsa di un attacco di panico. Tuttavia, l'iperventilazione non è l'unico fattore che spiega l'attacco di panico. Altri fattori sono la predisposizione biologica e il condizionamento pavloviano, che spiega gli attacchi di panico per processi associativi.

Come abbiamo visto, un disturbo di panico nei bambini è molto simile a quello degli adulti. Forse la differenza più significativa è l'interpretazione che i sintomi possono fare l'uno dell'altro, così come la maggiore o minore presenza di sintomi fisici o cognitivi.

EMDR e disturbo di panico

In generale, il trattamento è farmacologico, riducendo l'intensità e la frequenza degli episodi, a volte con una completa remissione dei sintomi, a volte no. In queste occasioni, è quando la terapia di rielaborazione del trauma EMDR è raccomandata per la remissione totale dei sintomi indipendenti da quanti anni è stata. Il protocollo affronta tre importanti tappe fondamentali della prima crisi in cui il soggetto rielaborerà l'origine del disturbo a livello emotivo. Gli attacchi di panico hanno sempre un'origine traumatica, un'esperienza avversa che la persona ha vissuto e non ha potuto elaborare adeguatamente a livello emotivo, molte volte la persona non mette in relazione il fatto che la causa fino all'inizio della terapia EMDR.

CAPITOLO SEI

EMDR PER disturbi da stress post-traumatico

Il disturbo post-traumatico da stress (chiamato PTSD. Disturbo post-traumatico da stress) è una condizione risultante da eventi terrificanti e pericolosi per la vita fisica o mentale. Una persona che è stata vittima di un'aggressione, ha partecipato a un incidente stradale o ha assistito a un terremoto, spesso ha pensieri persistenti e spaventosi associati a questi eventi. Nei bambini, questa condizione a volte diventa cronica.

Il disturbo da stress post-traumatico da stress (PTSD) si manifesta in alcune persone che sono state esposte a eventi molto stressanti e, allo stesso tempo, catastrofici. Questi eventi scatenanti possono includere la morte di una persona cara in circostanze traumatiche, lesioni gravi che violano la cia sessuale, ecc.

La presenza di elementi intrusivi nel fuoco della coscienza è solitamente identificata, come ricordi ricorrenti e involontari e dolorosi dell'evento traumatico, sogni o incubi angoscianti, reazioni dissociative, come l'amnesia per ciò che è accaduto, o reazioni sproporzionate di disagio quando si incontra un qualsiasi elemento che ricorda un trauma.

D'altra parte, i pazienti affetti da PTSD sviluppano una marcata elusione degli stimoli associati al trauma. Possono cercare a tutti i costi di evitare di ricordare il fatto, di dirlo a un'altra persona o di avvicinarsi a persone, luoghi o oggetti che possono essere in grado di far rivivere il fatto.

C'è la presenza di disturbi cognitivi e dell'umore, come l'incapacità di ricordare un aspetto importante dell'evento, credenze negative su se stessi, sugli altri o sul mondo, sensazione di distacco, o incapacità di provare emozioni positive. Non è raro trovare comportamenti irritabili e scoppi d'ira, sensi di colpa o vergogna molto intensi, e persino ipervigilanza, problemi di sonno o concentrazione.

Quale può essere la causa del disturbo da stress post-traumatico da stress da PTSD?

Il PTSD (o disturbo post-traumatico da stress) può verificarsi dopo un evento che si è verificato nella vita del paziente o di uno dei suoi parenti, o di cui la persona è stata testimone. Ecco le situazioni che possono scatenare il disturbo da stress post-traumatico:

- incidenti gravi (auto, aria),

- disastri (terremoto, inondazione),

- tragedie causate dall'uomo (ad esempio, un attacco terroristico),

- essere vittima di un'aggressione o di una violenza fisica (aggressione, tortura, rapimento, ecc.),

- di molestie o di violenza sessuale,

- violenza psicologica,

- negligenza.

Quali sono i sintomi del PTSD?

I bambini e gli adulti, a contatto con una situazione che ricorda loro un evento traumatico, possono rivivere i ricordi intrusivi che si verificano durante il giorno (i cosiddetti flashback) così come gli incubi. Possono anche sperimentare alcuni o tutti i seguenti sintomi:

- intorpidimento fisico o emotivo,

- evitare il contatto con le altre persone, isolarsi dall'ambiente, anche da chi vi è vicino,

- mancanza della capacità di provare piacere,

- Eccessiva eccitabilità, irritabilità costante, facile irritazione,

- ansia, depressione - possono apparire anche pensieri suicidi,

- problemi di sonno,

- disturbo da deficit di attenzione, difficoltà a focalizzare l'attenzione,

- comportamenti specifici per i bambini piccoli (ad esempio, bagnare, succhiare il pollice).

Come trattare il disturbo da stress post-traumatico da stress (PTSD)

Abbiamo tutti sentito parlare del disturbo da stress post-traumatico da stress (PTSD). Sappiamo che le persone che soffrono di questo disturbo sono quelle che sono state esposte a situazioni in cui si sentivano in grande pericolo. Inaspettatamente, è successo qualcosa che li ha colpiti in modo considerevole.

Abusi sessuali, aggressioni, guerre, attacchi terroristici sono alcuni esempi di eventi che possono scatenare il disturbo da stress post-traumatico. Ma non si tratta solo di situazioni create dall'uomo. Anche le catastrofi naturali, come gli uragani o i terremoti, possono essere la causa del disturbo. La domanda è: come possiamo curarlo?

I primi passi nel trattamento del disturbo da stress post-traumatico: psicoeducazione e respirazione

Quando qualcuno soffre di un disturbo psicologico, la prima cosa da fare è chiedere l'aiuto di uno psicologo adeguato. In questo senso, per il trattamento del disturbo da stress post-traumatico, l'intervento cognitivo-comportamentale è quello che gode della maggiore accettazione e del maggior sostegno da parte dell'evidenza empirica. Quindi, se vogliamo minimizzare il rischio di commettere errori, sarà meglio trovare un professionista che lavori con gli interventi tipici di questa catena.

Questo terapista effettuerà una valutazione iniziale, essenziale per comprendere i problemi che il paziente presenta. Poi, è importante iniziare la psicoeducazione: spiegherà al paziente cosa gli sta succedendo in termini che possa capire. Qui bisogna sottolineare i sintomi che la persona soffre, indicando perché appaiono, cosa la trattiene e come sarà trattata.

L'obiettivo è che la persona capisca, per quanto possibile, cosa le sta succedendo. Inoltre, è essenziale che capisca perché e come risolveremo il problema, in modo che si conformi al trattamento e che possiamo farla stare meglio. Dopo aver capito tutto questo, insegneremo alla paziente qualcosa di fondamentale: rilassarsi.

Se addestriamo il paziente alla respirazione addominale, gli forniremo uno strumento semplice e molto utile che potrà mettere in pratica quando apparirà l'ansia, così caratteristica del disturbo. D'altra parte, una volta che il paziente ha acquisito una certa facilità con la procedura, è importante che si eserciti continuamente fin dall'inizio.

Come continuare il trattamento del disturbo da stress post-traumatico?

Oltre a fornire alla persona strumenti da mettere in pratica quando l'ansia aumenta, è importante lavorare su altri aspetti che ci sono, anche se non sempre si vedono. Parlo dei pensieri e delle convinzioni associate all'evento che ha scatenato tutto. Se non affrontiamo questo aspetto, il trattamento del disturbo da stress post-traumatico sarà incompleto: sarà come mettere un cerotto su una ferita aperta.

È importante, quindi, che il paziente impari a individuare le idee che appaiono nella sua mente e che ruotano intorno allo stesso messaggio: quello che è successo è stata colpa sua. O che non sarà in grado di superarlo. O che il mondo è pieno di pericoli e che accadrà di nuovo. Cioè, deve imparare a localizzare i pensieri automatici e le credenze irrazionali quando si verificano.

Con questo, faremo il primo passo della ristrutturazione cognitiva. Poi, attraverso il dialogo socratico, tutto questo sarà messo in discussione nella consultazione. In questo modo, durante le sessioni, la persona imparerà ad abbandonare le idee che influiscono sul mantenimento del disturbo.

Terminare il trattamento per il disturbo da stress post-traumatico

Affinché il trattamento del disturbo da stress post-traumatico sia completo, è necessario aggiungere qualcosa di più. Poiché queste persone di solito evitano tutto ciò che è legato alla situazione in cui hanno vissuto il pericolo, è importante lavorare sulla mostra, sia nella fantasia che nella vita reale.

Con questo, siamo riusciti a ridurre il loro livello di ansia abituandoci alla situazione. Inoltre, impareranno che ricordare l'episodio non significa che debbano fare la stessa esperienza, né che debbano necessariamente perdere di nuovo il controllo. Questo farà sì che le persone si distinguano tra l'evento traumatico e gli altri ad esso associati, ma che non sono pericolosi.

Nella consultazione si rafforzerà anche l'idea su cui si è lavorato in terapia: quello che è successo è stato qualcosa di concreto e specifico, non un evento generale probabile o frequente. Infine, aumenterà il senso di autocontrollo, oltre a vedere se stessi come meglio in grado di affrontare la situazione.

Infine, come per tutti i problemi di ansia, è importante includere la prevenzione delle ricadute nel trattamento del disturbo post-traumatico da stress. Quest'ultimo passo è essenziale, in quanto contribuirà a garantire che i progressi compiuti siano mantenuti e darà al paziente una sensazione di empowerment. In questo modo e seguendo il metodo scientifico, avremo ottenuto che la persona riacquisti le redini della sua vita.

I labirinti dello stress post-traumatico

Lo stress post-traumatico è una componente dell'angoscia che si deposita nella coscienza delle persone, dopo aver vissuto una situazione catastrofica o comunque pericolosa per la loro integrità. Si verifica sia quando la persona vive direttamente l'episodio, sia quando ne è testimone. Si verifica anche in chi ne è a conoscenza senza aver partecipato alla situazione.

Questo tipo di disagio è una condizione invasiva e difficile da gestire. Dà origine a una moltitudine di sintomi e non si verifica allo stesso modo in una persona o in un'altra, anche se ci sono modelli che permettono di stabilire l'esistenza di uno stress post-traumatico.

Il trauma e i suoi effetti

Per trauma si intende un episodio in cui la vita di una persona, la sua integrità sessuale, morale o fisica è gravemente minacciata. In genere, questa situazione si presenta in modo sorprendente e, per questo motivo, lascia una forte sensazione di impotenza e vulnerabilità nella persona colpita.

Quando l'evento di pericolo passa, la persona sviluppa una catena di pensieri ossessivi intorno a ciò che è accaduto. Va oltre ciò che è successo e sente che la sua vita è stata "segnata". Che qualcosa è cambiato per sempre. Che il mondo ora è visto in un colore diverso, che pensarci più e più volte provoca una forte ansia, e che comunque non si può smettere di farlo.

Il primo mese dopo l'evento traumatico è considerato "stress acuto". "È normale che si verifichi un flusso di angoscia, accompagnato da rabbia, ostilità e apatia. Spesso compaiono anche sentimenti di colpa o di vergogna, poiché la persona traumatizzata può immaginare che avrebbe dovuto agire diversamente, più o meno, di fronte alla situazione in cui è stata vittima.

La depressione compare in un gran numero di casi e aumenta nel tempo. Tra il 60% e l'80% delle persone che soffrono di stress post-traumatico soffrono anche di depressione.

La maggior parte ha difficoltà ad esprimere le proprie emozioni autentiche. E molti elaborano una sorta di "fuga" dalla realtà: dimenticano elementi significativi dell'episodio, o smettono completamente di parlarne come se non fosse successo.

Trattamento del PTSD mediante il ritrattamento della desensibilizzazione dei movimenti oculari (EMDR)

L'impatto dello stress post-traumatico può essere visto nei cambiamenti nella cognizione, nell'umore e nei modelli di sonno. Queste perdite si verificano in varia misura a seconda delle condizioni precliniche della salute fisica e mentale dell'individuo. Lo scopo del presente studio è stato quello di indagare questi aspetti in pazienti affetti da disturbo da stress post-traumatico da stress (PTSD), vittime di aggressioni e rapimenti, e ogni paziente è stato trattato in media con cinque sedute di psicoterapia con l'Eye Movement Desensitization Reprocessing (EMDR).

Ventinove soggetti, uomini e donne, 12 con PTSD, sette con traumi senza PTSD e dieci controlli sani hanno partecipato a questo studio. Valutazioni quantitative (polisonnografia) e qualitative dei modelli di sonno, aspetti psicologici (ansia, stress, umore e qualità della vita) e cognitivi (ricordi e funzione esecutiva) prima e dopo la psicoterapia. Nell'analisi dei modelli di sonno basale, i pazienti con PTSD hanno avuto un tempo di veglia più lungo durante il sonno (risveglio dopo l'inizio del sonno - WASO) e una peggiore efficienza del sonno. I pazienti con PTSD, in relazione al gruppo di controllo, prima del trattamento, avevano disturbi più soggettivi, indicativi di una peggiore qualità di vita e di ansia, stress e disturbi dell'umore.

Dopo il trattamento, c'è stato un miglioramento di questi parametri e i risultati ottenuti dal gruppo PTSD sono stati equivalenti a quelli del gruppo di controllo. L'analisi dei parametri cognitivi prima del trattamento, nei compiti che valutavano la memoria verbale e non verbale a lungo termine e la funzione esecutiva, indicava un peggioramento delle prestazioni del gruppo PTSD.

EMDR - Aiuto reale per chi soffre di stress post-traumatico

La maggior parte di noi ha a che fare con esperienze dolorose, spesso consapevolmente, e a volte inconsciamente.

Spesso questi ricordi possono essere di origine recente: le persone che hanno avuto gravi incidenti automobilistici fanno ancora fatica a capire perché non possono agire come hanno fatto in precedenza, spesso anche se le loro ferite fisiche sono state guarite.

In altri individui, i ricordi possono essere più lontani - come l'abuso sessuale infantile - il che rende molto più difficile capire perché non sono in grado di agire come vogliono. Questa forma di trauma contribuisce anche a problemi di dipendenza, oltre che a problemi di impegno.

CAPITOLO SETTIMO

EMDR per la depressione

La depressione è una malattia che può colpire persone di tutte le età. La tristezza o il pozzo mentale in cui a volte cadiamo è una parte normale della vita emotiva quotidiana. È la reazione naturale del corpo al fallimento o alla delusione. Tuttavia, quando la sensazione di vuoto e di disperazione ti travolge, non passa, e non ti permette di goderti la vita come prima, puoi ritrovarti a soffrire di depressione. In Polonia, fino a 1,5 milioni di persone stanno lottando contro questa malattia.

Ognuno di noi ha le cosiddette colline dell'umore e i pozzi. Molte persone usano il termine "depressione" per descrivere i sentimenti di tristezza, ma questa malattia è molto più di questo. Le persone a cui viene diagnosticata la depressione spesso descrivono che si sentono come se vivessero in un "buco nero" o fossero destinate a fallire inevitabilmente. Alcune persone non si lamentano affatto della tristezza - invece si sentono apatiche; non hanno energia per vivere; sentono che non ha senso.

La depressione si differenzia principalmente dal sentimento di tristezza in quanto disturba la vita quotidiana. Non ti permette di lavorare normalmente, studiare, mangiare, dormire o semplicemente divertirti. I sentimenti di impotenza, di impotenza, di impotenza, di disperazione sono molto intensi e raramente vanno via anche solo minimamente. Il più delle volte si riduce al fatto che non si è più interessati ai propri hobby, si evita di incontrare gli amici, si è accompagnati da una stanchezza costante. Lo svolgimento dei compiti quotidiani ti travolge. Questa malattia colpisce le donne due volte più spesso degli uomini. All'inizio tutto può sembrare senza speranza all'inizio, ma con il giusto aiuto può sicuramente migliorare.

Depressione - sintomi

Per riconoscere la depressione, deve essere soddisfatto almeno uno dei seguenti criteri principali per la diagnosi: la presenza di un umore depresso (depresso) e/o un interesse chiaramente ridotto per tutte le attività quotidiane. Questi sintomi devono manifestarsi quasi ogni giorno, per la maggior parte della giornata, nell'arco di due settimane.

La depressione è una condizione che appare impercettibilmente. L'uomo perde lentamente il senso del significato, diventa passivo, non si sente in grado di svolgere alcuna attività e l'unica cosa che desidera è la solitudine. L'uomo ha un senso di incomprensione da parte dei suoi cari; tutto ciò che finora ci ha portato gioia ci è indifferente.

Sintomi corporei di depressione:

- disturbi mestruali

- insonnia,

- grande bisogno di dormire

- perdita o aumento di peso

- emicrania,

- diminuzione della libido

- mancanza di appetito

- appetito eccessivo

- gola secca

- stanchezza costante.

Va ricordato che avere una brutta giornata o un mal di testa non significa essere depressi. Oltre ai fattori sopra citati, per poter diagnosticare la depressione devono essere soddisfatte altre condizioni.

Gruppo uno (devono essere soddisfatti almeno due fattori):

- malessere costante, mancanza di umorismo;

- perdita di interesse e di piacere;

- maggiore affaticamento rispetto a prima.

Gruppo due (devono essere soddisfatti almeno due fattori):

- disturbi dell'attenzione e della concentrazione;

- bassa autostima;

- senso di basso valore;

- pensieri neri e pessimisti;

- desiderio di togliersi la vita;

- diminuzione dell'appetito;

- atti suicidi;

- problemi di sonno.

La depressione momentanea e la depressione sono due cose diverse. I sintomi della depressione persistono a lungo. Le persone depresse hanno problemi a trovare una soluzione ai loro problemi. Molto spesso sono accompagnati da pensieri suicidi.

Tipi di depressione

1. 2. Disturbo depressivo maggiore

È una tipica forma di depressione. La depressione è un disturbo in senso stretto. È anche la forma di questa malattia che concentra il maggior numero di sintomi. La sua caratteristica principale è che la persona mostra un'estrema apatia verso il mondo e la vita.

Nei casi più gravi, questo tipo di depressione porta a quello che viene chiamato "stupore depressivo". "In questo caso, l'inattività prende quasi completamente il sopravvento sulla persona fino a farla smettere di mangiare. In alcuni casi, il disturbo depressivo maggiore è accompagnato da deliri.

2. 2. La distimia, uno dei tipi di depressione secondo la psichiatria

La distimia è anche nota come disturbo depressivo persistente. È simile al disturbo depressivo maggiore, ma i sintomi sono meno gravi. Tuttavia, l'apatia, la disperazione e una sensazione di malinconia persistono.

Tutti questi sintomi sono cronici: persistono per lunghi periodi di tempo senza migliorare. A volte si stabilizzano, ma possono anche diventare più acuti e portare a una depressione più profonda.

3. 3. Disturbo ansio-depressivo

Questo è un altro dei tipi di depressione, secondo la psichiatria, che è presente in un numero significativo di pazienti. La sua caratteristica principale è che combina episodi di depressione con episodi di ansia.

In generale, i sintomi sono moderati. Né la depressione porta a stati di estrema passività e rassegnazione, né l'ansia produce crisi gravi. Tuttavia, si mantiene nel tempo, e a volte la persona pensa che questo sia semplicemente il suo "modo di essere".

4. 4. Depressione atipica

Si chiama anche depressione con caratteristiche atipiche. La differenza principale con la depressione maggiore è che nella depressione atipica, l'umore può migliorare quando si verificano eventi che la persona valuta come positivi.

Allo stesso modo, in questo tipo di depressione, è normale che ci sia più appetito e più ore di sonno del normale. Chi ne soffre spesso dice di provare una sensazione di pesantezza alle braccia e alle gambe e di sentirsi rifiutato dagli altri.

5. 5. Disturbo affettivo stagionale

Come suggerisce il nome, la caratteristica principale del disturbo affettivo stagionale è che si attiva e si disattiva con il passare delle stagioni. In genere, inizia a fine autunno o inizio inverno e scompare durante i mesi primaverili ed estivi.

Il passaggio da una fase all'altra è molto brusco. L'eccessiva sonnolenza appare come una costante sensazione di stanchezza e i carboidrati guadagnano in attrattiva. Inoltre, naturalmente, c'è anche malinconia, apatia e riluttanza a svolgere qualsiasi attività.

6. 6. Disturbo bipolare

Il disturbo bipolare è simile al disturbo ansio-depressivo, ma in questo caso i sintomi sono molto gravi. Le fasi della depressione presentano un grave deterioramento dell'umore, con tutte le caratteristiche necessarie per la diagnosi di depressione maggiore.

A loro volta, gli episodi di ansia sono classificati come maniacali o maniacali. In essi vi è fondamentalmente un'accelerazione della velocità del pensiero, euforia, iperattività, difficoltà a dormire, irritabilità e tendenza ad atti compulsivi.

7. Ciclotimia

La caratteristica più caratteristica della ciclotimia è l'instabilità dell'umore. È simile al disturbo bipolare e al disturbo ansio-depressivo, con due differenze fondamentali. La prima, che i sintomi sono più lievi. La seconda, che ci sono anche fasi di "normalità".

I cambiamenti nella ciclotimia passano spesso inosservati. La persona diventa un po' più triste o un po' più maniacale, senza che questo sia molto marcato. Tutto questo può avvenire in un arco di tempo molto breve di una settimana o meno.

Il linguaggio del corpo della depressione

Il linguaggio del corpo della depressione comprende microespressioni, posture e gesti che rivelano un abbassamento d'umore. Vale la pena di saperlo perché molte volte questi stati di tristezza nevrotica possono passare inosservati a prima vista ciò che la bocca non dice. Molte volte il corpo urla.

La depressione, come tutti gli stati d'animo, ha un impatto sul corpo. Non solo la modella e le dà una forma specifica, ma spesso influisce anche sulla salute. Corpo e mente formano un'unità, e ciò che accade in una zona ha effetti sull'altra.

Il linguaggio del corpo della depressione è inconscio. Tuttavia, anche altri possono leggerlo, anche se lo fanno in modo intuitivo. Quando il linguaggio comunica, costruisce anche una percezione degli altri. In altre parole, l'ambiente percepisce quella scoraggiamento, e questo, naturalmente, influisce anche sul rapporto con gli altri. Diamo un'occhiata più da vicino.

Il volto, un punto chiave del linguaggio del corpo della depressione

Le microespressioni facciali sono particolarmente rivelatrici dell'umore. Sono quei gesti minimi che appaiono sul viso, e che non mentono mai. Parliamo di risposte involontarie controllate dal cervello limbico e che appaiono senza che la persona si renda conto di esserci e senza poterle gestire a proprio piacimento.

Nel linguaggio del corpo della depressione, le micro espressioni più caratteristiche sono le seguenti:

- La palpebra superiore abbassata. La pelle della palpebra superiore appare un po' cascante e quindi dà l'impressione che il muscolo sia cascante. Il vortice, o punto in cui la palpebra superiore e quella inferiore si incontrano, fa una leggera curva verso il basso.

- Mancanza di messa a fuoco. Anche l'aspetto dello sguardo è diverso in una persona depressa. Gli occhi non sono focalizzati su un punto, ma c'è una certa mancanza di definizione. Come se lo sguardo fosse in qualche modo perso, anche se si fissa su un punto.

- Angoli del labbro in basso. La forma della bocca è come quella di un semicerchio aperto in basso. Le estremità delle labbra sembrano leggermente cedevoli. Questo è forse il gesto più comune nel linguaggio del corpo in depressione.

- Il sopracciglio. Le persone depresse di solito sono leggermente accigliate. Non tanto quanto quando ci sono grandi preoccupazioni e rabbia, ma solo leggermente. Il suo viso, nel suo insieme, sembra sorpreso da qualcosa che li delude.

La postura della testa

La posizione della testa rispetto al resto del corpo conta molto anche nel linguaggio del corpo della depressione. In genere, la testa è, in una certa misura, inclinata verso il basso. Mentre il corpo si inclina un po' all'indietro, la testa esce leggermente in avanti.

Anche la testa è spesso inclinata su un lato, quasi sempre sul lato destro. Questo accade soprattutto quando la persona depressa ascolta qualcuno a cui dà potere o autorità.

Il tono di voce e il modo di parlare

I tratti appaiono nel tono della voce di una persona depressa che rivela il suo stato d'animo. Oltre ai toni generalmente bassi, c'è anche una sorta di pianto nel loro discorso. La voce si spezza leggermente o ha una specie di raucedine appena percettibile. Il tono richiama la voce di chi piange.

Allo stesso modo, il modo di parlare di una persona depressa ha caratteristiche diverse. In generale, sono parsimoniosi con il linguaggio e non molto emotivi quando parlano. Di solito hanno difficoltà a vocalizzare e ad articolare le parole in modo definito. È come se la persona fosse pigra da manifestare.

La postura del corpo e altri dettagli

La postura è anche uno degli aspetti più visibili del linguaggio del corpo in depressione. In genere, la persona ha un corpo flaccido. La sua spina dorsale forma una curvatura, come un guscio. È come se fosse ritirata in se stessa.

È anche molto comune che i suoi movimenti siano lenti, a volte combinati con movimenti secchi o aggressivi. Possono trascinare un po' i piedi quando camminano, come per sottintendere che hanno difficoltà ad avanzare.

Infine, le persone depresse tendono ad aumentare la frequenza con cui sospirano. Lo fanno in qualsiasi momento e più volte al giorno. Questo può essere letto come un desiderio frustrato di sentirsi a proprio agio con la situazione in cui si trovano.

La depressione infantile: gli interventi più efficaci

La depressione non è una categoria diagnostica riservata agli adulti. Anche i bambini, purtroppo, possono soffrirne. Tuttavia, è importante sapere come fare una buona diagnosi differenziale con alcuni disturbi comportamentali che possono presentare un quadro simile.

Nell'infanzia, più che la tristezza, la depressione si manifesta spesso come irritazione. I bambini tendono anche ad avere più problemi di sonno.

La depressione infantile ha un'incidenza simile in entrambi i sessi. Lo stesso non accade quando si arriva all'adolescenza, dove la prevalenza opta per il sesso femminile e rimane così fino all'età adulta.

I fattori che possono essere alla base della depressione infantile sono diversi, e nessuno da solo è di solito sufficiente per sviluppare il quadro. La combinazione di variabili genetiche o ereditarie e di un ambiente disfunzionale può portare ad essa.

Se uno dei due genitori soffre o sta soffrendo di depressione, è molto più probabile che il bambino ne soffra. Anche la scuola, le richieste extracurriculari e gli ordini autoritari e contraddittori sono fattori di rischio.

Passiamo poi a sviluppare alcuni dei trattamenti psicologici più efficaci che abbiamo attualmente a disposizione per la depressione infantile. La buona notizia è che la popolazione infantile beneficia più dell'approccio psicologico rispetto all'adulto. In questo senso, possiamo trovare grandi speranze.

abitudini delle persone con depressione nascosta

La depressione nascosta è una condizione in cui una persona non ha i sintomi tipici della depressione, ma altri modelli e tratti che compongono un costume. Infatti, il primo a trascurare questa situazione è la persona che ne soffre. È proprio di questo che si tratta: di stare lontano dal disagio.

Quel processo di cercare di incapsulare o di comporre i sintomi della depressione avviene in modo inconscio o preconscio. Non è che la persona voglia deliberatamente fingere qualcosa che non è o non sente. L'occultamento è un modo di difendersi dalla sofferenza che forse la persona colpita non si sente in grado di affrontare.

Naturalmente nascondere questo tipo di problemi agli altri, e a se stessi, non è una buona strategia per risolverli. Al contrario, a volte diventano solo cronici. Come riconoscere che può esserci una depressione nascosta? Questi sono cinque segnali che chi ne soffre invia.

1. Sono ossessivamente socievoli

Le persone con depressione nascosta hanno difficoltà a stare da sole. Gli altri sono una specie di pretesto perché hanno paura di stare da soli con se stessi. Se non hai persone intorno a te, emergono sentimenti di tristezza più acuti.

Per questo motivo tendono a essere ossessivamente socievoli. Sono sempre alla ricerca di un modo per organizzare incontri, cercare eventi sociali e simili. Se non ci riescono, chiamano semplicemente la famiglia, gli amici, i colleghi, ecc. Non vogliono vedere la solitudine anche solo lontanamente, perché fungerebbe da specchio, facendo pensare.

2. 2. Esagerano il loro benessere

È molto comune che un comportamento esagerato riveli un tentativo di compensare la sensazione completamente opposta. Di solito accade, quindi, che le persone con depressione nascosta tendano a esagerare il loro presunto stato di benessere. Se chiedete loro come stanno, non vi diranno quanto stanno bene, ma "meravigliosamente" o "molto bene".

Come abbiamo notato, questa è una forma inconscia di compensazione. È quasi un tentativo di autoconvincersi e di convincere gli altri dell'umore - una cortina fumogena per liberarsi dell'idea di disagio e stare così lontani dalla depressione.

3. Parlano ripetutamente del passato

Nella depressione nascosta, come in ogni forma di depressione, il passato gioca un ruolo di primo piano. Quindi è molto comune che ci siano argomenti di ieri che emergono sempre nelle conversazioni con persone che manifestano la depressione in questo modo. Possono anche scherzosamente riferirsi a questi argomenti, ma l'importante è che vi alludano frequentemente.

Il mancato distacco dal passato è un indicatore del fatto che ci sono esperienze irrisolte. Il passato può essere stato positivo o negativo, e non importa. Ciò che conta è che qualcuno continua a rivivere ciò che è già accaduto attraverso l'evocazione. Ciò implica che ci sono forti legami con il passato e che non è stato possibile localizzarci nel presente reale.

4. Hanno abitudini alimentari disordinate

I disturbi alimentari sono sempre indicatori di un certo disagio emotivo; in particolare, la depressione. Soprattutto se i cambiamenti di appetito non sono transitori, ma tendono a diventare permanenti e ogni volta ancora più marcati. Queste abitudini includono mangiare meno del normale, più del normale, o farlo in modo anarchico o strano.

È molto comune che una delle forme di espressione della depressione nascosta abbia a che fare con l'appetito. A volte la persona non smette di mangiare o mangia di più, ma mostra disgusto per certi cibi, oppure ha problemi digestivi molto frequenti. Ci sono anche casi in cui si manifesta l'ossessione di mangiare qualcosa o di farlo in un certo modo.

5. Non riescono a dormire in pace

Il sonno è un altro di quei fattori che rendono visibile il disagio emotivo. Come nel caso del cibo, quello che si vede in questi casi è che c'è una sorta di anomalia che può essere di molti tipi. Di solito si dorme troppo poco o si dorme troppo.

A volte compaiono altri comportamenti, come camminare di notte, difficoltà a dormire a letto in posizione orizzontale, sogni intermittenti, ecc. Ognuna di queste forme di riposo, chiaramente inadeguate, potrebbe essere un sintomo di depressione nascosta.

Naturalmente, tutti questi indicatori devono essere valutati attentamente. La depressione è più di uno stato di negazione nascosta o di tristezza e non ha nulla a che vedere con uno stato di confusione passeggero. Stiamo parlando di una condizione che deve essere valutata da personale addestrato.

Depressione e rapporti sessuali

La depressione condiziona i rapporti sessuali in modi molto diversi, anche se colpisce soprattutto quelle dinamiche che si verificano all'interno di una coppia perché c'è un legame emotivo, una comunicazione più intima, un impegno presente e futuro e, in fondo, una vita comune. Nella coppia, quando uno dei membri è immerso in un processo depressivo, ci sono una serie di cambiamenti:

- Basso o nessun desiderio sessuale o erotico. È il principale interessato, mentre è il motore che ci spinge ad avere un rapporto sessuale. Il piacere si riduce notevolmente se prima non c'è un desiderio, più o meno specifico, più o meno concreto, ma un desiderio che predispone ad avere una relazione intima. La perdita di motivazione in tutte le aree vitali si riflette soprattutto nella perdita o nella diminuzione del desiderio sessuale o erotico che colpisce direttamente i rapporti sessuali.

- Incapacità di creare fantasie erotiche. È la conseguenza della perdita del desiderio, mentre le fantasie sono associate ad esso. Se avere un rapporto sessuale fosse come mangiare una cheesecake, il desiderio sessuale corrisponderebbe agli ingredienti, e le fantasie sessuali sarebbero i diversi modi di combinare questi ingredienti per creare qualcosa da gustare.

- Deficit di assertività. L'assertività è (o non volere) il modo corretto di comunicare i nostri desideri, senza cedere ad alcuna pressione e senza esprimere ciò che vogliamo da una forma aggressiva. Spesso le persone depresse generano un grande senso di colpa per non aver soddisfatto le aspettative degli altri e, a sua volta, questo genera una risposta di comunicazione passiva, come meccanismo di compensazione.

In un contesto intimo, le persone hanno la capacità di decidere quando fare sesso e quando non farlo. Infatti, è frequente che in una coppia accada che una persona voglia avere una relazione e l'altra no. Ma quando una persona è depressa, tende ad avere più difficoltà ad esprimere la propria mancanza di desiderio sessuale e a ricorrere a questo meccanismo di compensazione, che consiste nel cedere al desiderio di avere rapporti con l'altro partner.

Alterazione dei rapporti con se stessi o con se stessi. Anche se parliamo in termini di coppie, l'autostimolazione merita una considerazione speciale, poiché costituisce una parte molto importante di noi, una fonte di conoscenza di sé, di esplorazione e di piacere a cui possiamo accedere nella nostra privacy. Questi tipi di relazioni sono influenzati anche quando soffriamo di depressione. Infatti, non è raro che la frequenza della masturbazione diminuisca notevolmente.

Il mio partner soffre di depressione, come comportarsi?

È importante ricordare che le persone depresse non vogliono essere, e vorrebbero avere un diverso livello di attività, un diverso umore e godere del sesso. Anche se ogni processo depressivo presenta una serie di variabili che gli conferiscono una certa idiosincrasia, vale la pena sottolineare una serie di idee nel caso in cui il nostro partner soffrisse di depressione:

- Senza giudizio. L'ultima cosa di cui una persona depressa ha bisogno dal proprio partner è che metta in discussione il proprio comportamento, le proprie decisioni o i propri ritmi. Dubitare o avere pregiudizi non farà altro che causare più dolore alla persona depressa, oltre alla frustrazione e al senso di colpa già menzionato e molto presente. Dare questo tipo di giudizi quando il nostro partner esprime la sua mancanza di desiderio di avere un rapporto sessuale può causare un disagio particolarmente significativo.

- Nessuna pressione. L'ideale è accompagnare il partner ma rispettando i suoi ritmi e i suoi spazi. A volte il vostro partner avrà bisogno di compagnia; a volte, avrà bisogno di stare da solo; altre volte, non avrà voglia di parlare; altre volte, vorrà semplicemente piangere accompagnato ... Questo rispetto deve essere mostrato nell'ambiente più intimo, e non confondere il suo stato d'animo con la mancanza di desiderio verso la coppia, cioè supponendo che il non voler avere relazioni risponda a un processo depressivo, non a una questione personale.

- Mostra la disponibilità. Non fare pressione sul nostro partner non significa rinunciare. È importante far capire al nostro partner che gli stiamo dando lo spazio di cui ha bisogno e che rispettiamo profondamente i suoi ritmi mentre lo accompagniamo. Questo accompagnamento può essere esplicitamente espresso con frasi come "se hai bisogno di parlare, dimmelo".

- Chiedete aiuto. Sempre più persone con depressione cercano l'aiuto di uno psicologo o di uno psicologo, e sappiamo che questa decisione non è di solito facile, né immediata. Per questo motivo, è importante mostrare sostegno al nostro partner quando si prende una decisione del genere, e anche mostrare disponibilità ad andare con lei, se necessario.

La depressione colpisce più di 300 milioni di persone in tutto il mondo, secondo l'Organizzazione Mondiale della Sanità. Inoltre, sappiamo che ciò che molti valori come spesa diventa più di un investimento se decidiamo di metterci nelle mani di uno psicologo.

Anche con l'aiuto di un professionista, superarla non è un processo facile. Tuttavia, se abbiamo una coppia che capisce e rispetta la situazione, soprattutto nella sfera più intima, il loro sostegno sarà molto prezioso, oltre a una variabile che aiuta quella depressione ad essere lasciata molto prima.

EMDR come trattamento per la depressione

La depressione è relativamente poco trattata, anche se alcuni interventi possono essere considerati efficaci. Infatti, il tasso di ricaduta rimane molto elevato (circa il 50% dopo due anni); tra i problemi più importanti vi sono miglioramenti insufficienti e rischi di suicidio.

Da qui l'importanza di aprirsi ad altri modi di gestire la depressione come l'EMDR, tanto più che la ricerca mostra che può esistere un legame tra eventi traumatici, maltrattamenti/umiliazioni e lo sviluppo di un disturbo depressivo in seguito. Inoltre, studi scientifici hanno dimostrato che l'EMDR è uno degli strumenti più efficaci per il trattamento del disturbo post-traumatico da stress. E, EMDR sembra essere un metodo psicoterapeutico efficace per altri disturbi che si basano in parte su ricordi stressanti, come la depressione cronica.

L'EMDR è un approccio integrativo che è stato sviluppato da Francine Shapiro (1995) per trattare le vittime di traumi. Il modello teorico alla base dell'EMDR è quello dell'elaborazione adattiva delle informazioni (TAI). Questo modello postula che le patologie mentali sono causate da informazioni erroneamente immagazzinate nella memoria durante le esperienze traumatiche, bloccate nel sistema nervoso con tutte le immagini negative, i rumori, i pensieri e i sentimenti che accompagnano l'evento. Questo suggerisce che l'EMDR risolve queste patologie aiutando il paziente, attraverso una stimolazione bilaterale alternata, a integrare le sue esperienze difficili.

CAPITOLO OTTO

EMDR per le dipendenze

La dipendenza è un disturbo che si verifica come risultato dell'ingestione di droghe (ad esempio, alcol, nicotina, cocaina) o di un comportamento (gioco d'azzardo) che inizialmente porta gratificazione ma che diventa forzato negli straordinari e ha un impatto negativo sulla vita e sulle attività quotidiane, come l'occupazione, le relazioni o anche la salute. La persona dipendente può non essere consapevole della perdita di controllo sulle proprie azioni e sui problemi che essa e i suoi cari creano.

La dipendenza è un ciclo sistemico di malattia che coinvolge il controllo della psiche, e spesso anche la fisiologia umana, attraverso il desiderio di assumere una sostanza psicoattiva o di compiere un atto considerato gratificante. Nella fase iniziale, l'uso di droghe che creano dipendenza fornisce un'enorme gratificazione (attivano le aree del cervello che sono responsabili della sensazione di piacere), ma con il progredire della malattia, l'individuo inizia ad averne bisogno per lavorare ad un livello normale, e l'astinenza provoca una sofferenza significativa. Il tortuoso decorso della dipendenza porta spesso ad usare per il piacere per prevenire l'inaffidabilità.

Anche se tradizionalmente dividiamo le dipendenze in mentale (senza intossicazione) e fisica (con intossicazione), è difficile indicare solo la dipendenza fisica, perché dietro questo fenomeno ci sono processi cerebrali legati al trasporto dei neurotrasmettitori e alla costruzione di connessioni sinaptiche. Pertanto, si può diventare dipendenti da tutto ciò che influisce attivamente sul nostro cervello. Il più delle volte le persone cedono al potere delle sostanze (droghe, alcol, droghe) o delle attività (cibo, sesso, lavoro, uso di internet, gioco d'azzardo, violenza, acquisto).

Qualsiasi comportamento che permette di ottenere una ricompensa o di evitare il disagio mentale può trasformarsi in coercizione e renderci dipendenti.

Tipi di dipendenza

Ci sono tante dipendenze in questo vasto mondo quanti sono i colori e i gusti. Alcune sono più conosciute di altre, specialmente quelle che affrontano l'abuso di sostanze.

In ogni caso, le dipendenze non si limitano solo all'ingestione di prodotti chimici, che possono causare qualche danno nella persona che li ingerisce, e ci sono anche abitudini avverse sia per la stessa persona che per l'ambiente più vicino.

Vediamo i tre principali tipi di dipendenza per ciascuno di essi, oltre ad alcuni esempi rilevanti.

Il mondo delle dipendenze è molto vasto e vario. Si può essere dipendenti da quasi tutto nella pratica, a patto che sia fatto in modo che la persona perda il controllo del comportamento di dipendenza in questione.

A seconda che il comportamento del problema abbia a che fare con il consumo di una sostanza, sia legale o illegale o se, al contrario, il problema ha a che fare con il comportamento stesso, le dipendenze sono generalmente classificate in due gruppi.

- Dipendenze da sostanze

In genere, le più note tra tutte le dipendenze sono quelle che hanno a che fare con l'uso di droghe. La legalità e la natura degli effetti della droga stessa possono essere molto soggettive; averne praticamente di tutti i tipi. Diamo un'occhiata ad alcuni.

1. l'alcol

L'alcolismo è una delle dipendenze più comuni al mondo perché l'alcol è una sostanza legale, ma ha effetti molto gravi sulla salute. Inoltre, è stato affermato che il bere ha un peso maggiore nella produzione di cancro rispetto al tabacco.

L'alcol incoraggia azioni più rischiose e pericolose per se stessi e per gli altri, nonché problemi di salute. In molte occasioni, il consumo di questa sostanza è alla base di un crimine.

Il problema di questa sostanza non è solo che è pericolosa di per sé, ma che la maggior parte delle società ne consuma molto. Togliere e trattare l'alcolismo come se fosse una pratica socialmente desiderabile.

Nonostante il grande incentivo a consumare alcol, tuttavia, le conseguenze sono sia fisicamente evidenti, come i problemi di controllo e i postumi della sbornia, sia cognitive e psicologiche, come l'instabilità emotiva, l'aggressività e la ridotta capacità di reazione.

Inoltre, l'astinenza da questa droga può essere fatale, il che, oltre agli effetti dannosi della dipendenza, rende difficile per le persone che soffrono di alcolismo superarla.

2. Nicotina

La nicotina è una sostanza che causa dipendenza dal tabacco. Tuttavia, il tabacco, come l'alcol, sembra essere socialmente più consapevole dei suoi effetti dannosi.

In realtà, la pubblicità del tabacco è stata vietata nella maggior parte dei paesi, anche se la pubblicità dei prodotti alcolici continua ad essere distribuita come se fossero succhi di frutta.

La nicotina è una droga che perturba gravemente le funzioni cerebrali, causando dipendenza. Con il passare del tempo, se la persona non fuma la sua tanto desiderata sigaretta, inizia a provare ansia e nervosismo sotto forma di disagio.

Il fumo di tabacco è responsabile di malattie respiratorie come il cancro ai polmoni e alla laringe e di problemi cardiaci come gli infarti e le lesioni cardiovascolari.

Va detto che la vaporizzazione, l'alternativa' pulita' al tabacco tradizionale, ha dimostrato di essere un sostituto molto inefficace, e pochi ministeri della salute stanno considerando di controllarne l'uso come attività potenzialmente dipendente.

3. 3. Psicofarmaci

Avere psicofarmaci non è semplice come comprare un pacchetto di aspirine, poiché molti di loro hanno bisogno di una prescrizione medica per acquistarli.

Tuttavia, questa limitazione non impedisce alle persone, sia ai pazienti psichiatrici, sia alle persone che hanno sviluppato una dipendenza da questo tipo di sostanze senza dover assumere psicofarmaci. Ogni farmaco psicoattivo ha un profilo diverso e può avere effetti collaterali molto diversi a seconda del dosaggio e del tipo di farmaco presente.

La tolleranza agli psicofarmaci viene prodotta molto rapidamente, per cui la persona deve assumere una dose maggiore per ottenere gli effetti desiderati.

4. 4. Caffeina

Negli ultimi anni si è discusso molto, soprattutto nel campo della psicologia, sull'opportunità di consumare l'abuso di sostanze a base di caffeina come una vera e propria dipendenza.

La maggior parte delle dipendenze implica alcune ripercussioni negative sia per l'individuo sofferente che per l'ambiente più vicino, ma si è discusso molto sugli effetti nocivi del bere troppo caffè o tè.

Tuttavia, l'abuso di caffeina soddisfa i criteri per essere considerato una dipendenza, in quanto può avere un impatto sul livello di salute della persona che non è in grado di disimpegnarsi dalla caffettiera.

Un altro esempio è quello di persone che, pur sapendo che la caffeina è eccitante e crea insonnia, vogliono bere caffè o tè alle ore dispari, sapendo che non riusciranno a dormire più tardi.

Dormire bene è importante per il recupero di energia e per l'umore eutimico. Se non vi addormentate, il giorno dopo sarete esausti e di cattivo umore, non lavorerete in modo efficiente e avrete un pessimo rapporto con i vostri cari.

5. 5. Oppioidi

L'eroina è probabilmente la più conosciuta tra gli oppiacei.

Il consumo di questa sostanza causa notevoli problemi di salute, in particolare per il sistema cardiaco e nervoso, digestivo e respiratorio.

6. 7. Steroidi

Gli steroidi sono sostanze comunemente usate, soprattutto nel mondo dello sport. Nella maggior parte dei casi, sono varianti sintetiche del testosterone, utilizzati rapidamente e con poco sforzo per aumentare la massa muscolare.

L'uso improprio di questi farmaci provoca molte conseguenze, anche se i più preoccupanti sono problemi cardiaci, ictus e ginecomastia tra i più lievi che possiamo considerare acne estrema.

7. Cannabis

La cannabis è una delle più consumate tra tutte le droghe illegali, soprattutto perché può essere coltivata in qualsiasi giardino, anche se la pianta richiede una cura particolare.

Ci sono molte teorie che le girano intorno, tra cui quella di come una pianta sia, e quindi, quindi, 'umana' deve essere 'sana'. La pianta di cicuta è anche sicura per la stessa legge del tre, anche se ha lo svantaggio di essere un veleno mortale.

Tralasciando il dibattito che se il naturale è più sano o meno, la cannabis ha molti effetti indesiderati sulla salute di chi la mangia, sia sotto forma di 'porros' che come ingrediente di pasticcini come brownies o torte alle erbe.

A livello cognitivo, si è visto che ha delle implicazioni, indebolendo l'intelletto, la memoria e la capacità di parlare correntemente. È stato associato a disturbi mentali come la schizofrenia.

Tuttavia, va detto che è stato dimostrato che può avere effetti terapeutici ed è ingerito per condizioni come il glaucoma, il dolore cronico, la sclerosi multipla e l'ansia da prescrizione.

- Dipendenze comportamentali

Le dipendenze non sono solo quelle che abusano di una certa sostanza. Sono considerati come comportamenti di dipendenza anche i comportamenti che conducono in modo incontrollato e che possono avere un impatto negativo sulle prestazioni della persona. Vediamo i principali comportamenti che possono portare alla dipendenza.

1. 1. Porno e sesso

Il sesso è un bisogno umano fondamentale, ma farlo diventa un problema quando si dedica molto tempo a questo compito, in azienda o da soli, utilizzando la pornografia per ottenere eccitazione sessuale.

La pornografia, infatti, è un materiale che può diventare estremamente coinvolgente in quanto comporta un'attrazione senza impegnarsi con gli altri.

Per gli effetti indesiderati, questo può causare una serie di problemi. Tra questi, e soprattutto a causa dell'ipersessualizzazione delle persone nei video porno e nelle riviste, la persona non può eccitarsi con le persone "naturali".

Tali problemi sorgono quando si ha una vera relazione sessuale con qualcun altro, causando sintomi come l'anorgasmia e la disfunzione erettile a letto. Si crea anche un isolamento sociale non cercando di avere incontri sessuali.

2. Gioco

La dipendenza dal gioco d'azzardo, sia sotto forma di scommesse sportive, poker, roulette, slot, o comunque per caso per raccogliere fondi, sta diventando un problema serio di fronte alla passività del governo, dato il suo più che evidente boom.

Oggi la società non è ancora pienamente consapevole del problema, vedendolo come un mero sport, senza sorprendersi di come la televisione trasmette annunci pubblicitari che pubblicizzano il gioco che crea dipendenza senza scandalizzare la gente.

La ludopatia è un disturbo grave, il che può significare che si potrebbe spendere molto più tempo in modo efficiente per spendere grandi quantità di denaro, accumulare debiti e non colpire la fine del mese.

Il gioco d'azzardo utilizza un fenomeno chiamato rinforzo intermittente in psicologia, il che significa ottenere solo la ricompensa desiderata un numero abbastanza piccolo di volte e senza uno schema regolare.

L'individuo continua a giocare come ci si aspetta che riceva la ricompensa, entrando in un processo che può non avere fine.

3. Cibo

La nutrizione è un'esigenza fondamentale. Ogni essere umano ha bisogno di cibo perché altrimenti muore di fame. Il problema arriva quando diventa qualcosa che controlla la nostra vita, che ci fa perdere il controllo del momento in cui dobbiamo nutrirci completamente.

La dipendenza da cibo è un problema straordinario nei disordini alimentari, in particolare nei disordini alimentari da abbuffata, dove la persona perde il controllo e ingerisce enormi quantità di cibo dopo, sentendosi terribilmente male.

Soprattutto l'obesità è la conseguenza più grave della dipendenza alimentare, che negli ultimi decenni è diventata una vera e propria epidemia nel mondo occidentale.

4. 4. Nuove tecnologie

Le nuove tecnologie, come sapevamo, hanno invaso praticamente ogni aspetto della vita. In praticamente ogni situazione si possono trovare telefoni cellulari, computer, console di gioco e tutti i tipi di dispositivi elettronici.

Non è scioccante che sempre più persone non siano in grado di sganciare i loro dispositivi perché hanno sviluppato una grande dipendenza da questi dispositivi e ne hanno bisogno per il loro lavoro quotidiano. Qualsiasi altra cosa che conoscono.

Da notare in particolare la dipendenza da Internet, che è particolarmente visibile nei giovani. Che si tratti di documentarsi o di giocare online, non ci sono pochi adolescenti che gli darebbero una sincope se dovessero passare un giorno senza connettersi.

Si può dire che la colpa non è del singolo tossicodipendente, ma del modo in cui la propria cultura è stata influenzata negli ultimi anni.

5. Shopping

Mentre la dipendenza dagli acquisti non è un comportamento noto per la dipendenza, il suo problema principale è il consumo di enormi quantità di denaro per prodotti e servizi non necessari.

Infatti, in caso di acquisto di articoli non necessari, c'è la possibilità che la casa si riempia di cianfrusaglie inutili, e la creazione di disturbi come Diogene può essere un problema collaterale.

6. Lavoro

La tradizione del sacrificio sul posto di lavoro è stata promossa nella società in cui viviamo, con l'intenzione di ottenere il massimo beneficio per la famiglia. La preoccupazione è che il lavoro stesso possa diventare una dipendenza; la parola 'maniaco del lavoro' per riferirsi a questa condizione è nata negli ultimi anni.

Sebbene il lavoro sia necessario per sopravvivere, dare al posto di lavoro un ruolo maggiore rispetto ad altri aspetti della vita, come le relazioni personali, la cura dei figli o l'esercizio dei propri hobby, implica un generale deterioramento del tenore di vita.

Il consiglio che si può offrire su questo tipo di situazione è che le cose devono essere fatte in modo equilibrato e prestare attenzione a quando il lavoro deve essere interrotto e scollegato.

- Dipendenze emotive

Queste forme di dipendenza potrebbero rivelarsi le meno conosciute, ma l'affermazione che si è dipendenti da qualcuno o che si è dipendenti dalla depressione non è così figurativa come si potrebbe pensare.

Ci sono molte persone che, avendo frequentato qualcuno per molto tempo ma che si sono appena lasciati, sentono ancora il bisogno di stare con la persona che hanno perso. Ovvero, sono emotivamente dipendenti da loro, cosa che può influenzare seriamente lo sviluppo della persona che soffre di questa insolita dipendenza, non avendo sufficienti incentivi a cercare una nuova relazione o ad avventurarsi nella ricerca di un nuovo rapporto o ad essere single o individuali.

È anche comune trovare persone che si sentono tristi per lungo tempo, anche senza soffrire di un disturbo dell'umore come la depressione, ma che non sembrano cercare il modo di superare le brutte bevande. Sia perché ricevono l'attenzione degli altri, sia perché rompono con la routine emotiva esistente, l'individuo non è in grado di liberarsi dall'emozione che, seppur adattiva, può in ultima analisi porre problemi di indipendenza.

Come riconoscere la dipendenza

- forte e invadente desiderio di utilizzare anche una misura (il cosiddetto desiderio di alcol, il desiderio di stupefacenti, ecc;)

- perdita di controllo su quando iniziare e quando finire l'uso e quanto applicare;

- l'emergere dell'astinenza dopo l'astinenza, caratteristica della sostanza, ma sempre vissuta come negativa; può raggiungere intensità diverse, ma il risultato sarà sempre una ricerca di sostanze per alleviare gli spiacevoli sintomi;

- lo sviluppo della tolleranza, cioè la necessità di usare dosi crescenti per ottenere l'effetto desiderato, o la riduzione della soddisfazione dopo l'uso della stessa dose (alcuni tossicodipendenti possono assumere dosi di eroina che superano ripetutamente le dosi letali);

- la preoccupazione per le questioni legate all'accoglienza, un drastico cambiamento degli interessi esistenti, l'ingresso in un nuovo ambiente, l'adozione di uno stile di vita diverso, l'abbandono o la limitazione dell'attività sociale, professionale o ricreativa dovuta all'uso del provvedimento;

- dedicare la maggior parte del tempo all'ottenimento e all'uso di sostanze o al riequilibrio dopo il consumo;

- l'assunzione persistente di sostanze, nonostante la consapevolezza delle conseguenze dannose, dei problemi di salute, del degrado sociale;

- tentativi falliti di abbandonare la dipendenza;

- razionalizzazione, cioè, inventarsi pretesti pseudo-reali e ragioni per cui l'uso della misura è necessario, dare la colpa all'ambiente e giustificarsi.

Cause di dipendenza

Sia la struttura psicofisica dell'individuo, sia le proprietà di una particolare sostanza, decidono di decidere di entrare nella dipendenza. Tutta una serie di fattori sociali, psicologici e biologici influenzano il rapporto tra l'uomo e la droga.

Le cause della dipendenza da parte di una persona possono essere di natura genetica, sociale o psicologica, ma di solito interagiscono con questi tre fattori. Umano attrezzature genetiche determina le sue predisposizioni individuali, per esempio, per raggiungere gli stimolanti. Nel caso dell'alcol, gli scienziati hanno dimostrato l'ipotesi della predisposizione genetica dei bambini di alcolisti alla predisposizione a questa dipendenza.

I fattori psicologici sono caratteristiche che aumentano il rischio di dipendenza, come la bassa autostima, gli introversi, la timidezza, l'instabilità e l'immaturità emotiva, la bassa resistenza allo stress, l'elevato bisogno di gratificazione immediata, l'eccessiva esagerazione, o la trascuratezza degli altri, la ricerca di sensazioni. Va anche ricordato che le dipendenze spesso mascherano problemi psicologici più profondi, come la depressione, l'ansia e i disturbi della personalità.

L'ambiente, soprattutto con la ricca tradizione dell'uso di sostanze psicoattive, può esercitare pressione attraverso meccanismi di influenza sociale (evidenza sociale dell'equità). Inoltre, la mancanza di prospettive di vita, l'alto tasso di criminalità e di disoccupazione, le relazioni traballanti nelle famiglie, i problemi di sostegno e di comunicazione, i modelli di comunicazione non corretti, tutto ciò aumenta la probabilità di dipendenza.

Meccanismi di dipendenza. Da droghe, alcol e sostanze psicoattive.

- L'immagine di una persona dipendente

Un tossicodipendente si sente impotente nei confronti dei processi che si verificano nella sua vita. La dipendenza porta gradualmente alla solitudine e alla disorganizzazione di tutta la vita. Cosa fa sì che un tossicodipendente persista in questo circolo vizioso, scivolando poi in successione verso il basso, soffrendo mentalmente e fisicamente? Indubbiamente, una tale persona è soggetta all'azione di potenti forze che controllano il suo funzionamento.

Si possono osservare meccanismi specifici, profondamente radicati nella struttura psicofisica umana. L'autodistruzione di un alcolista o di un tossicodipendente è molto degna di nota, il che indica un grave danno all'istinto di autoconservazione. Il desiderio di alcol o di droga produce una potente coercizione interna. Ciò si traduce in una mancanza di autocontrollo, in cui il tossicodipendente non è in grado di smettere di usare la sostanza. Si ripetono così ripetuti tentativi di smettere di bere o di assumere droghe. Inoltre, una tale persona è in grado di violare le norme sociali o morali o di entrare in conflitto con la legge se qualcosa gli impedisce di continuare le sue pratiche abituali.

- Meccanismo di regolazione compulsiva delle emozioni (sentimenti)

Un tossicodipendente attiva certi meccanismi che lo portano a rimanere nel circolo vizioso della dipendenza. Dal suo punto di vista, si tratta di meccanismi di difesa che non le permettono di vedere la vera fonte del problema. Uno di questi è il meccanismo di regolazione della dipendenza emotiva, il che significa che i tossicodipendenti regolano il loro stato emotivo assumendo una sostanza che crea dipendenza. L'alcol o le droghe migliorano il loro stato d'animo o riducono gli stati emotivi sgradevoli. Permettono di annegare l'ansia, di ridurre al minimo lo stress, il dolore o di provare sollievo. Purtroppo, il miglioramento atteso non si verifica, perché, sotto l'influenza di una data sostanza, il tossicodipendente non è in grado di capire che sta ottenendo solo un'illusione e non un reale miglioramento del suo stato mentale. Inoltre, non capisce che assumendo una dipendenza, le sue emozioni negative spesso aumentano e dà la colpa ad altre persone. Il disturbo della coscienza oscura il vero quadro che non sono colpevoli, ma le sostanze che assumono. Questo meccanismo è responsabile della sensazione di fame, che porta alla perdita di contatto con la realtà. Un uomo tossicodipendente non può naturalmente provare emozioni positive.

- Meccanismo della negazione e dell'illusione

Questo meccanismo distorce il pensiero razionale, rendendo il tossicodipendente incapace di vedere l'essenza del problema. I processi di pensiero si sono sintonizzati per cercare una situazione in cui il tossicodipendente assume uno stato di "influenza" come suo stato di conforto, quindi fa di tutto per ottenere i fondi che portano a tale stato. Cerco anche delle scuse per continuare la mia dipendenza. In questo meccanismo, possiamo osservare la sua natura insidiosa, perché la dipendenza fa di tutto per annegare tutte le informazioni sul deterioramento della condizione a tutti i livelli, che causa enormi danni alla salute, professionali e sociali. Questo meccanismo rafforza quello che si chiama desiderio magico. Provoca un tossicodipendente a colorare la realtà.

- Il meccanismo della dispersione e della divisione del Sé

Questo meccanismo influisce sulla struttura del sé - danneggia l'identità stabile della persona. Non può perseverare nella sua decisione di mantenere l'astinenza perché non riesce a gestire il suo comportamento. Essendo sotto l'influenza di una sostanza che crea dipendenza, tale persona ha un'opinione completamente diversa sulle sue capacità, sui suoi vantaggi e, in generale, sui tratti della personalità rispetto a quando la sostanza smette di funzionare. "Sotto l'influenza", si sente forte, crede di poter farcela da solo e di poter uscire dalla dipendenza. Sobria, si sente senza speranza, impotente. Pertanto, si sforza di bere perché permette di perdere la consapevolezza della propria impotenza.

In che modo l'esercizio fisico aiuta a superare una dipendenza?

È noto che l'esercizio fisico ha molti benefici per la salute, sia fisici che mentali. Inoltre, l'esercizio fisico serve come fulcro per superare molti problemi, compresi quelli legati alla dipendenza. E non è un'ipotesi o una domanda osservata, ma la ricerca lo dimostra.

La maggior parte dei trattamenti per le dipendenze prevedono una qualche forma di psicoterapia o di consulenza e si concentrano sull'aiutare la persona dipendente a scoprire perché continua a comportarsi in modo dipendente nonostante i problemi che ne derivano. Propongono anche modi più efficaci per gestire i sentimenti che sono alla base dei comportamenti di dipendenza.

Tuttavia, mentre questi approcci terapeutici sono utili per molte persone con dipendenze, alcuni ritengono di aver bisogno di un approccio che aiuti anche gli aspetti fisici e non quelli mentali o emotivi della dipendenza. Molti trovano che l'esercizio fisico aiuti a controllare le voglie.

Nel corso degli anni, l'esercizio fisico è stato riconosciuto come uno strumento di auto-aiuto per le persone che si riprendono dalle dipendenze come supporto per il recupero. Tuttavia, fino a poco tempo fa, non conoscevamo il pieno valore di questo supporto. Vediamo ora come l'esercizio fisico aiuta a superare una dipendenza.

L'esercizio fisico aiuta a superare una dipendenza

Quando una persona cerca di superare la dipendenza, la mente e il corpo bramano la sostanza che produce endorfine nel cervello e crea la sensazione di essere drogato. Se a questo si aggiunge lo stress della vita quotidiana e le voglie, la miscela può raggiungere livelli insopportabili.

Anche l'esercizio fisico vigoroso rilascia endorfine, facendovi sentire la stessa sensazione di euforia che si prova con una sostanza chimica o una dipendenza.

Anche se può essere meno intenso di quello che si prova con la droga, l'alcol, o qualsiasi cosa vi agganci, gli effetti dell'esercizio fisico possono essere piacevoli sia mentalmente che fisicamente. Infatti, uno studio su pazienti che hanno ricevuto un trattamento per l'abuso di sostanze ha dimostrato che l'esercizio fisico può portare a una sensazione di realizzazione e a una maggiore fiducia nel rimanere sobri.

D'altra parte, è normale che una persona si senta ansiosa o depressa quando si astiene, ma l'esercizio fisico può promuovere una vita sana senza dipendenze. In questo senso, è stato dimostrato che l'esercizio fisico:

- riduce le voglie e l'uso di sostanze.

- Diminuisce l'efficacia delle droghe, diminuisce la predisposizione all'uso e all'abuso.

- Ripristina le cellule cerebrali danneggiate da un intenso abuso di droghe.

- Produce "ricompense neurologiche" e aumenta l'autostima.

- Riduce l'ansia e lo stress.

- Promuovere un sonno migliore.

- Migliora il pensiero e fornisce una prospettiva positiva.

- Colma una lacuna, offrendo struttura e routine.

- Serve come meccanismo costruttivo di coping.

Perché l'esercizio fisico aiuta a superare una dipendenza?

Che l'attività fisica abbia un impatto così profondo sul corpo e sulla mente di chi lotta contro la dipendenza ha molto a che fare con i benefici dell'esercizio fisico per tutti. Questo perché l'esercizio fisico aiuta a minimizzare e mantenere la perdita di peso, aiuta ad aumentare l'energia e la forza muscolare, migliora la mobilità, migliora l'immagine di sé e l'umore, diminuisce la depressione e l'ansia e aumenta l'acutezza mentale, tra gli altri benefici.

Questa teoria è supportata da un rapporto condotto dal Scandinavian Journal of Public Health. La ricerca ha dimostrato che le persone che hanno integrato l'esercizio fisico nei loro servizi di recupero hanno riportato dosi più basse di oppioidi e una migliore qualità della vita. I partecipanti hanno detto di sentirsi più sicuri di sé, di poter respirare meglio e di sentirsi meglio per il loro aspetto.

Esercizio per superare l'astinenza

Il ritiro è un evento spiacevole che si verifica quando si evita l'uso di una sostanza che crea dipendenza, come l'alcol o i narcotici, o un comportamento che crea dipendenza, come il gioco d'azzardo, il sesso compulsivo o l'eccesso di cibo.

I sintomi dell'astinenza sono diversi per gravità e i sintomi sono percepiti, a seconda del paziente e di ciò che sta ritirando. Tuttavia, il desiderio di più farmaci o di azione è comune a tutte le sindromi da astinenza, così come un senso di sollievo quando il prodotto viene consumato o quando l'attività viene tentata viene eliminata.

Sentimenti di depressione o disperazione, ansia o letargia, irritabilità o frustrazione, problemi digestivi e sintomi del sistema nervoso come sudorazione, bocca secca o acquosa, mal di testa e tensione muscolare sono normali durante l'astinenza.

L'esercizio fisico ha sempre dimostrato di alleviare lo stress, l'ansia e la depressione. Poiché questi sono i sintomi principali dell'astinenza, gli esperti credono sempre più che l'esercizio fisico riduca i sintomi dell'astinenza.

Differenze tra uso, abuso e dipendenza

Le differenze tra uso, abuso e dipendenza sono molteplici. Anche se sono usate quasi in modo intercambiabile nel linguaggio colloquiale, imparare cosa significano ci aiuterà a identificare ogni realtà e ad attribuirle il suo significato. Per capire l'importanza dell'argomento in sé, pensiamo che l'uso di sostanze è uno dei problemi che più pesa sulla società e, soprattutto, sui giovani.

D'altra parte, gli studi ci dicono che il modello di consumo cambia nel tempo. Negli anni Ottanta e nei primi anni Novanta, la droga più usata era l'eroina. Attualmente il suo consumo è diminuito, ma sono comparse nuove droghe, soprattutto le cosiddette droghe sintetiche.

Il tabacco e l'alcol continuano ad essere le sostanze tossiche più consumate, mentre la cannabis e i suoi derivati fanno parte del gruppo delle droghe illegali. Inoltre, va notato che il consumo di cocaina è aumentato nella popolazione giovanile.

Differenze tra uso, abuso e dipendenza

In primo luogo, l'uso è definito come una forma d'uso in cui non si osservano effetti immediati per l'utente o per l'ambiente, a causa delle sue dimensioni, della sua frequenza o delle circostanze della persona.

Si tratta di un concetto molto sfumato nella pratica clinica. Questo perché non è sufficiente guardare al livello, poiché può esserci un'assunzione intermittente in cui il farmaco viene ovviamente sfruttato dal soggetto.

Allo stesso modo, non si può rimanere con la sola quantità, perché il consumo può essere poco eccessivo, ma così regolare che si potrebbe suggerire una sorta di dipendenza. Pertanto, quando si descrive l'uso come "uso", bisogna fare molta attenzione.

Per quanto riguarda la parola "abuso", essa potrebbe essere caratterizzata come quel tipo di uso di droga in cui, a causa della sua quantità, frequenza e/o circostanza, si creano effetti negativi per l'utente o per l'ambiente. Ad esempio, una donna può essere moderata nel suo normale consumo di alcol e tabacco, ma se continua a farlo durante la gravidanza, subirà un abuso.

Alla fine della giornata, dovremmo riconoscere la dipendenza come un modello di azioni in cui l'assunzione di una droga è prioritaria rispetto a tutti i comportamenti precedenti. Pertanto, l'uso di droghe, che può essere iniziato come un'attività intermittente senza alcun significato apparente, diventa il fulcro dell'esistenza di una persona. In questo modo, la persona passerà gran parte del suo tempo a pensare all'uso di droghe, a cercarle, ad acquistare denaro per acquistarle, a mangiarle, ecc.

In breve, dobbiamo offrire l'importanza che merita a questo tipo di domande, e il primo passo è quello di chiarire il significato di ogni definizione. Senza dubbio, questo è uno dei fondamenti su cui mettere in atto i passi adeguati per intervenire in ogni situazione, permettendo alla comunità di oggi di prendere coscienza della questione che ci riguarda.

Conseguenze della sofferenza di una dipendenza

Le conseguenze delle dipendenze sono molte e negative:

Bere molto alcol, mangiare troppo o assumere droghe non aiuta esattamente ad essere sani. A seconda del tipo di droga, della quantità e del tempo che la persona ha consumato, le conseguenze per la salute possono essere più o meno gravi e possono anche avere conseguenze fatali.

I rapporti familiari sono complicati. La persona con una dipendenza passa sempre meno tempo con la sua famiglia e quando è con loro si comporta in modo diverso, adottando un modello relazionale caratterizzato da irritabilità e distanza emotiva. Non è quindi strano che sorgano rimproveri e litigi che finiscono con l'abbandono.

I cambiamenti di umore e la sensazione di mancanza di controllo sono sentimenti comuni nella persona che soffre di una dipendenza. Infatti, questo disagio emotivo è uno dei motivi per cui la persona si rifugia nella dipendenza, alimentando così un circolo autodistruttivo.

La dipendenza porta la persona a chiudersi nel suo mondo e ad abbandonare le amicizie che non capiscono il suo problema. In questo modo il tossicodipendente si isola sempre più, si ritira dalla società.

EMDR, un trattamento efficace per superare le dipendenze

Trattare le dipendenze può essere difficile, poiché le dipendenze hanno un ruolo nella vita di una persona dipendente, pur essendo autodistruttive a lungo termine. Da dove cominciare, il trauma o la dipendenza di fondo è sempre stato un problema per i traumatologi. Quando ci si avvicina per primi al trauma, c'è il rischio di attivare sentimenti impegnativi, come ansia, rabbia e depressione, che la dipendenza ha aiutato a nascondere, ma in modo malsano. In realtà, l'evidenza suggerisce che i pazienti con dipendenze che si sottopongono al solo trattamento traumatologico hanno un tasso di abbandono più elevato.

D'altra parte, se ci si avvicina prima alla dipendenza, gli effetti del trauma sottostante tendono a intensificare il desiderio percepito di dipendenza. Pertanto, la diagnosi di dipendenza lascia alla persona pochi strumenti per affrontare gli effetti spesso debilitanti del trauma. Sta diventando tutto troppo difficile da affrontare. Pertanto, il trattamento non traumatico è inadeguato per le persone che hanno un trauma di fondo e una dipendenza.

La combinazione di protocolli EMDR focalizzati sul trauma e sulla dipendenza è descritta da Markus e Hornsveld, che descrive la "tavolozza degli interventi EMDR focalizzati sulla dipendenza". I suggerimenti di interferenza EMDR di Markus & Hornsveld sono sotto forma di moduli e sono i seguenti:

Modulo 1: Safe Place Protocol and Resource Creation Installation: un luogo sicuro per un cliente per immaginare un luogo in cui possa sentirsi sicuro, per fargli sapere come si sente il suo corpo quando pensa ad un luogo sicuro, e per toccarlo mentre utilizza la stimolazione bilaterale. Questo stato di sicurezza è collegato alla parola d'ordine che il cliente utilizzerà quando gli sarà richiesto di replicare istantaneamente lo stato di rilassamento.

Ci sono molti altri strumenti che possono essere stabiliti usando l'EMDR, tra cui il miglioramento dell'immagine positiva di sé di un tratto; la coltivazione dei ruoli interiori di un'infermiera premurosa, un potente protettore, e della saggezza interiore insieme a una cerchia di aiutanti; il ristabilire percorsi emotivi per il controllo delle emozioni; la pianificazione di futuri eventi traumatici; e la messa a terra nel momento presente, per citarne alcuni.

Modulo 2: Attuazione di un obiettivo di recupero realistico: molte persone arrivano al recupero con l'obiettivo di prevenire gli effetti dannosi della dipendenza in futuro. Lo sviluppo di un obiettivo realistico nell'assistenza spinge la persona verso la cura, piuttosto che allontanarla. Questo cambiamento dei fattori motivazionali prevede livelli di astinenza più elevati.

Modulo 3: EMDR focalizzato sul trauma per il Disturbo da Stress Posttraumatico Comorbido: Il Disturbo post-traumatico da stress è anche il risultato di un trauma. Se presente, la terapia con PTSD ha la priorità ed è appropriata in una fase precoce di recupero, anche se la persona sta già abusando di droghe o alcol. Idealmente, il trattamento del PTSD con EMDR convenzionale focalizzato sul trauma può essere combinato con EMDR focalizzato sull'alcol, ma non dovrebbe essere ignorato fino a dopo il trattamento con farmaci.

Fase 4: EMDR focalizzato sul trauma per i Disturbi Emotivi nei Pazienti con Dipendenza e Senza Disturbo Posttraumatico da Stress: La maggior parte dei pazienti con dipendenza ha subito un trauma, ma scende al di sotto del livello della diagnosi di PTSD. Soffrono di piccoli traumi cronici a "t", spesso dovuti a esperienze traumatiche dell'infanzia, che portano alla depressione e all'ansia. La dipendenza è una forma di automedicazione. Quando la dipendenza viene usata per controllare le sensazioni, gli EMDR convenzionali focalizzati sul trauma dovrebbero essere usati per primi o in combinazione con gli EMDR focalizzati sugli oppioidi.

Livello 5: EMDR focalizzato sul trauma per pazienti con credenze negative debilitanti: Questa tecnica EMDR incorpora i due approcci menzionati da de Jongh, Broecke e Meijer. I clienti che hanno formato una percezione composita della violenza o di un'atmosfera tossica in corso, trovando difficile definire un obiettivo chiaro per l'elaborazione, raccomandano di identificare e dare priorità agli eventi principali che hanno portato all'impressione composita del nucleo, non solo in termini di come traumatizzare ma anche in termini di fonte. L'abuso da parte dei genitori o di chi si prende cura di loro è più pericoloso, soprattutto nella prima infanzia, quando il bambino non ha adeguatamente formato un senso interno di sé.

Livello 6: EMDR focalizzato sulle dipendenze e sull'astinenza prolungata da flash negativo: I tossicodipendenti non sono ancora in grado di andarsene a causa di ipotesi fuorvianti sull'astinenza prolungata. Anticipare le voglie non stop o la mancanza di vita sociale creata intorno alla dipendenza crea barriere che impediscono alle persone di impegnarsi in astinenza. Il flash forward EMDR aiuterà a collocare i potenziali ostacoli in un contesto più razionale, riconoscendo e affrontando le aspettative più sconvolgenti dell'astinenza in insiemi di stimoli bilaterali, con il risultato di aumentare le aspettative di superamento piuttosto che di superamento.

Modulo 7: EMDR focalizzato sulle dipendenze su un flash forward negativo: Un'altra percezione negativa che ostacola l'astinenza è la paura di una ricaduta. Qui, l'EMDR viene utilizzato per ridurre la devastante percezione della ricaduta e per ottenere una nuova prospettiva.

Modulo 8: Dipendenza-EMDR basato sulla memoria delle ricadute: l'uso dell'EMDR per elaborare la memoria delle ricadute è duplice, secondo Hase. Egli ha detto, tra le altre cose, che le voglie sono causate da "memorie di dipendenza". L'EMDR produce anche aspettative più resistenti sulla memoria delle ricadute e diminuisce le voglie.

Modulo 9: EMDR focalizzato sulle dipendenze per le memorie delle voglie: utilizzando il protocollo standard EMDR, al cliente viene chiesto di riconoscere le prime, peggiori e ultime memorie di rielaborazione al fine di de-sensibilizzarle, riducendo così la loro forza. L'elaborazione di questi pensieri è il segreto per preservare l'astinenza.

Passo 10: EMDR focalizzato sulle dipendenze su Positive Flash Forward Regarding the Ultimate Goal: Questo passo si concentra sulla visualizzazione dell'obiettivo di recupero desiderato dal cliente piuttosto che sul successo effettivo. L'analisi EMDR espone l'obiettivo del cliente come un'idealizzazione, un sogno potenzialmente impossibile, desensibilizzandolo come stimolo per un comportamento che crea dipendenza.

Modulo 11: EMDR focalizzato sulle dipendenze sui trigger: utilizzando questo metodo, il cliente determina i trigger da desiderare dal meno potente al più potente. Gli stimoli vengono poi analizzati manualmente per la desensibilizzazione usando l'EMDR.

EMDR e gestione delle dipendenze dei genitori

EMDR (Eye Movement Desensitization and Reprocessing) può aiutare a far fronte alle esperienze dolorose associate alle dipendenze, come l'abuso fisico, emotivo e verbale, la negligenza e l'incuria. Tali ricordi possono portare all'ansia, all'apprensione, alla mancanza di fiducia e a meccanismi disfunzionali per affrontare la vita e i problemi attuali.

I bambini sono anche segnati per la vita dalle dipendenze dei loro genitori, come l'alcol, gli oppiacei, il gioco d'azzardo o le relazioni abusive. Questi bambini spesso crescono e iniziano a incontrare difficoltà a scuola, nella loro vita sociale, e sono spesso soggetti a comportamenti che creano dipendenza e autodistruttivi. Questo è il problema che si presenta tanto quanto non vediamo la connessione tra il comportamento del genitore e le reazioni del bambino più avanti nella vita? Soprattutto se questi genitori sono persone "normali" e ben funzionanti.

L'EMDR è uno strumento fantastico per aiutarvi ad arrivare alla radice del problema. L'EMDR aiuta a superare i sintomi scatenati da esperienze di vita sconvolgenti e inspiegabili.

Utilizza un approccio sistematico per affrontare gli elementi passati, presenti e futuri di ricordi sconvolgenti. È una terapia integrativa e sistematica che sintetizza aspetti di molti orientamenti terapeutici convenzionali, come la terapia psicodinamica, cognitiva, esperienziale, fisiologica e interpersonale.

Quando si affronta il problema dei ricordi che turbano il passato, permette una maturazione accelerata e uno sviluppo personale nel presente. Gli oggetti, gli individui e le informazioni che possono aver scatenato una persona nel passato diventano benigni e non minacciosi, il che è un sollievo dalla reazione emotiva eccessiva.

La caratteristica più peculiare dell'EMDR è una porzione non comune della stimolazione cerebrale bilaterale, come i movimenti oculari, la stimolazione tattile bilaterale o bilaterale combinata con le cognizioni, i pensieri visualizzati e la sensazione del corpo. Gli studi hanno esaminato gli effetti dei movimenti oculari e hanno scoperto che i movimenti oculari nell'EMDR riducono al minimo la vivacità e/o le sensazioni negative associate ai ricordi autobiografici, migliorano il recupero della memoria episodica, aumentano l'efficienza cognitiva e sono correlati alla diminuzione della frequenza cardiaca, all'attività della pelle e all'aumento della temperatura delle dita.

CAPITOLO NOVO

EMDR Per i disturbi psicosomatici

Le malattie psicosomatiche sono un problema comune che finisce per incidere sulla qualità della vita. Se avete un disturbo psicosomatico, probabilmente dovrete consultare diversi medici e sottoporvi a molti esami, poiché è difficile raggiungere una diagnosi. Questo pellegrinaggio, insieme all'incertezza di non sapere esattamente cosa ti sta succedendo e al disagio generato dai sintomi, può peggiorare ulteriormente il quadro. Quindi, se soffrite di una malattia psicosomatica, avrete bisogno dell'aiuto di uno psicologo.

Cos'è una malattia psicosomatica?

Il lavoro della mente e del corpo in perfetta armonia. Ci sono centinaia di esempi quotidiani di come la vostra mente influenza il vostro corpo: le lacrime come risposta fisiologica alla tristezza o alla grande gioia, il rossore che si verifica quando i vasi sanguigni si dilatano a causa dell'imbarazzo, l'accelerazione del battito cardiaco quando siete spaventati o le farfalle nello stomaco quando una persona vi attira.

Fino all'inizio del XIX secolo, la maggior parte dei professionisti credeva che le emozioni fossero legate alle malattie. Ma quando si scoprivano nuove cause, come batteri e tossine, le emozioni venivano relegate in secondo piano.

Recentemente, nuove ricerche hanno scoperto la stretta relazione tra stress e salute, evidenziando l'impatto che le situazioni sociali, le emozioni e i pensieri hanno sulle malattie.

Oggi sappiamo che, in una certa misura, la maggior parte delle malattie ha una componente psicosomatica. Nella malattia fisica c'è sempre un fattore psicologico, poiché il modo in cui reagiamo alla diagnosi e il modo in cui affrontiamo i sintomi varia enormemente da una persona all'altra, e questi possono essere aggravati o attenuati a seconda della nostra strategia per affrontare la malattia. D'altra parte, il rapporto mente-corpo funziona anche al contrario, poiché i disturbi psicologici hanno anche conseguenze fisiche.

Tuttavia, se parliamo correttamente, il disturbo psicosomatico si riferisce a sintomi fisici che si manifestano principalmente per motivi psicologici. Si tratta di una condizione in cui si soffre di sintomi fisici significativi che non possono essere spiegati solo da una causa organica, e la componente psicologica si è affermata come componente causale.

Questa malattia si stabilisce quando i sintomi psicosomatici smettono di essere una normale risposta fisiologica e influenzano le vostre prestazioni, il vostro benessere e le vostre capacità. Essi sono generalmente causati da una vera e propria angoscia e dall'incapacità di gestire le situazioni che si stanno attraversando.

Tipi di disturbi psicosomatici

- Fibromialgia. Sindrome caratterizzata da dolori ai muscoli e alle articolazioni che di solito sono accompagnati da stanchezza o stanchezza cronica.

- Colon irritabile. Dolore addominale o gonfiore accompagnato da alterazioni del transito intestinale che influiscono sulla qualità della vita di chi ne soffre.

- Bruxismo. Stringimento o digrignamento dei denti, di solito durante il sonno, che provoca non solo l'usura dei denti, ma anche dolori temporomandibolari e/o alla testa o all'orecchio.

- Mal di testa. Mal di testa frequenti che hanno un'origine di tensione.

- Affaticamento cronico. Una sensazione di stanchezza che dura per diversi mesi senza una causa e non va via anche dopo aver riposato abbastanza.

- Dolore cronico. Dolore o sensazione di disagio che dura più di sei mesi. In alcuni casi può essere dovuto a malattia, ma in altri la causa specifica non è nota.

- Disturbi dermatologici. Come la psoriasi, l'eczema, la dermatite seborroica e la neurodermite, che normalmente hanno una grande componente psicologica, poiché la pelle è uno degli organi più colpiti dallo stress.

- L'insonnia. L'insonnia è legata alla difficoltà di rilassare il cervello quando cala la notte e di scollegarsi dalla preoccupazione.

Possiamo anche aiutarvi ad affrontare le conseguenze dei problemi di salute in modo che non siano aggravati da una cattiva gestione emotiva.

Vi offriamo un sostegno psicologico per affrontare malattie come il cancro o un infarto, situazioni in cui le nostre emozioni possono giocare a nostro favore o contro di noi, poiché oggi sappiamo che una buona gestione emotiva e un atteggiamento positivo e rilassato nei loro confronti possono davvero fare la differenza.

Come nasce una malattia psicosomatica?

Per capire l'origine delle malattie psicosomatiche è necessario comprendere il meccanismo di somatizzazione che ne è alla base. La somatizzazione è la tendenza ad esprimere i problemi emotivi attraverso i sintomi fisici, il che non è strano poiché il cervello e il corpo mantengono una comunicazione costante. Ogni secondo, il cervello invia al corpo innumerevoli segnali e istruzioni, mentre il corpo restituisce lo stesso numero di segnali.

Questo meccanismo è meglio apprezzato nei disturbi di conversione, in cui il dolore e l'angoscia dovuti a traumi emotivi causano paralisi, cecità o incapacità di parlare. Tuttavia, la somatizzazione può essere espressa anche attraverso sintomi meno evidenti come nausea, mal di testa, tensione muscolare, mal di schiena o palpitazioni.

Lo stress, l'ansia, l'angoscia e la paura sono stati emotivi molto intensi che scatenano numerose risposte a livello corporeo, da un aumento del cortisolo a processi infiammatori. Se questi stati si mantengono nel tempo, e non si riesce a gestirli correttamente, il loro effetto cumulativo finirà per riflettersi attraverso i sintomi fisici.

Naturalmente, tutti noi, in un modo o nell'altro, somatizziamo le nostre esperienze emotive. Per esempio, quando ci succede qualcosa di spiacevole, diciamo che abbiamo un "nodo allo stomaco", e quando abbiamo avuto una giornata stressante, diciamo che siamo "tesi". Tuttavia, ci sono persone che sono più vulnerabili a questa somatizzazione che diventa una malattia psicosomatica:

- L'indecisione. Se si hanno difficoltà a prendere decisioni e le si rimanda continuamente, si ha una maggiore propensione a soffrire di un disturbo psicosomatico.

- L'ansia. Se avete una tendenza all'ansia, avrete anche maggiori probabilità di sviluppare una malattia psicosomatica. È stato apprezzato il fatto che più una persona prova paura e ansia, maggiore è la paura e l'ansia, maggiore è il dolore fisico. La spiegazione potrebbe risiedere nel giro del cingolo anteriore, un'area legata alle emozioni che si collega anche alle aree somatosensoriali della corteccia cerebrale, una zona legata alla somatizzazione che si attiva in situazioni di ansia e paura.

- Conflitti irrisolti. I conflitti sono di solito una grande fonte di stress, quindi più durano, più danni causano. Il mantenimento di conflitti latenti, senza cercare strategie per affrontarli, avrà un impatto sulla vostra salute emotiva.

- Il senso di colpa. Se vi sentite colpevoli per qualcosa che è successo in passato, probabilmente cercherete di rimediare a quell'errore punendo voi stessi. Nel vostro subconscio, quella malattia diventa la "punizione che vi meritate".

- Trauma Se avete avuto un passato traumatico o siete stati vittime di eventi dolorosi come l'abuso sessuale, è probabile che abbiate la tendenza a somatizzare le vostre esperienze emotive.

- Aggrappatevi alle emozioni negative. Le emozioni non sono "negative" di per sé, in quanto ci aiutano a rispondere meglio alle diverse situazioni, ma se rimaniamo arrabbiati, risentiti o tristi per troppo tempo, possono diventare dannose e si rifletteranno attraverso sintomi psicosomatici.

- La tendenza alla repressione emotiva. Se si tende a sopprimere le proprie emozioni, si avrà una maggiore propensione a sviluppare un disturbo psicosomatico, poiché nascondere ciò che si prova non lo farà scomparire, anzi, quelle emozioni si esprimeranno attraverso sintomi psicosomatici.

- Ipocondria. Una preoccupazione costante e ossessiva per la salute, con la tendenza ad esagerare la sofferenza a lungo termine, può portare a sintomi reali.

Conseguenze della sofferenza di un disturbo psicosomatico

Se soffrite di una malattia psicosomatica, probabilmente avete intrapreso un lungo pellegrinaggio attraverso consultazioni mediche, alla ricerca di una spiegazione e di una soluzione per i vostri sintomi. In realtà, questi problemi possono interessare diversi sistemi:

- Il sistema nervoso. Mal di testa, vertigini, capogiri, svenimenti, formicolii, paralisi muscolare ...

- Apparato respiratorio. Sensazione di soffocamento, dolore o senso di oppressione al petto, difficoltà a respirare normalmente ...

- Apparato digerente. Sensazione di soffocamento, nausea, vomito, costipazione, diarrea ...

- Sistema circolatorio. Palpitazioni e tachicardia.

- Sistema muscoloscheletrico. Stress muscolare e dolore, stanchezza, dolori alle articolazioni, alla schiena e agli arti.

Questi sintomi influenzeranno notevolmente la vostra qualità di vita, così come il vostro umore, per cui disturbi come la depressione sono comuni.

Disturbi psicosomatici: quando la mente fa male al nostro corpo

I disturbi psicosomatici sono la prova dell'impatto che la mente può avere sul nostro corpo. Sono stati in cui sono evidenti una serie di sintomi fisici reali legati a malattie invisibili, che non esistono organicamente, ma che sono il risultato di conflitti mentali, di problemi irrisolti che ci divorano dall'interno.

Per disturbo psicosomatico si intende qualsiasi quadro di sintomi in cui non esiste una correlazione fisica o organica, in cui tutte le malattie e le limitazioni subite dalla persona sono dovute esclusivamente ai suoi processi mentali. Ora, pensiamo a cosa potrebbe significare questo... è tutto davvero solo nella testa?

La verità è che al giorno d'oggi i disturbi psicosomatici sono ancora un'area di studio piena di incognite per gli specialisti. Una cosa che è nota è che tutto questo spettro di disturbi fisici associati allo stress mentale ha una correlazione cerebrale: l'iperattività degli impulsi nervosi del cervello quando comunica con diverse aree del nostro corpo.

- Qualcosa che si può anche vedere è un eccesso di adrenalina nel sangue, oltre ad alcuni parametri biologici alterati, come l'accelerazione del metabolismo del glucosio o degli aminoacidi.

- A sua volta, è stato possibile dimostrare che ci sono persone più suscettibili di soffrire di disturbi psicosomatici. Anche i pazienti che vivono con grande ansia o che hanno avuto un'infanzia traumatica a causa di abusi, privazioni emotive, ecc.

Cosa può creare la nostra mente

I disturbi psicosomatici possono colpire qualsiasi organo, sistema, tessuto o struttura. Il suo impatto è immenso, quindi non dobbiamo sottovalutare il potere della nostra mente. Allo stesso modo, è necessario distinguere tra disturbi somatoformi e psicosomatici. Mentre nel primo, non c'è mai alcun sintomo fisico. Nel secondo, ci sono danni visibili al corpo (per esempio, ulcere).

- Un esempio più classico di disturbi psicosomatici sono i disturbi della pelle, come l'eczema, l'orticaria, le infezioni, l'acne.

- Ipertensione, tachicardia, sensazione di blocco o puntura cardiaca sono altri sintomi.

- I disturbi dell'apparato digerente sono molto comuni; l'intestino irritabile e le ulcere sono le condizioni più comuni.

- Anche i mal di testa gravi, come l'emicrania, sono molto comuni.

- Perdite di memoria.

- Asma bronchiale.

- Dismenorrea, disturbi mestruali ...

- Alopecia.

- In casi molto estremi, ci sono persone che possono soffrire di cecità temporanea, mancanza di mobilità in qualsiasi arto, svenimenti, ecc.

Trattamento delle malattie psicosomatiche

Poiché i disturbi psicosomatici comprendono sintomi fisici che mascherano il disagio emotivo, è necessario trovare la sua causa e riprogrammare il cervello in modo che impari ad affrontare le situazioni senza somatizzarle.

- Ipnosi clinica. Attraverso l'ipnosi, si accede al subconscio, ai ricordi, ai sentimenti e ai pensieri che hanno causato il disturbo. Eliminiamo queste convinzioni disadattatizie e mettiamo al loro posto altre convinzioni positive, che vi aiuteranno a ritrovare la salute. L'ipnosi è uno strumento molto potente che attiva i nostri meccanismi naturali di autoguarigione ed è stato dimostrato efficace attraverso numerosi studi clinici nel trattamento dei disturbi psicosomatici e del dolore cronico.

- Neurofeedback. Attraverso l'allenamento del neurofeedback, il nostro cervello impara a regolarsi da solo, il che porta grandi benefici alle funzioni cerebrali e, quindi, un miglioramento di problemi come la fibromialgia, il dolore cronico, l'insonnia, l'emicrania e il mal di testa da tensione.

- Coerenza cardiaca. Attraverso la formazione nelle tecniche di coerenza cardiaca dell'Istituto HearthMath, riusciamo a migliorare la nostra salute e l'autocontrollo emotivo con pochi minuti al giorno di pratica da casa.

- EMDR. Se il trauma si trova alla base del disturbo psicosomatico, con questa tecnica, vi aiutiamo a ridurre il suo impatto emotivo negativo in modo che possiate rielaborare l'esperienza e andare avanti. Inoltre, attraverso questa tecnica, possiamo rielaborare le emozioni negative associate alla malattia, in modo che, liberandovi da esse, possiate anche alleviare i vostri sintomi.

- EFT. Questa tecnica si basa sulla stimolazione di una serie di punti di agopuntura toccando con le dita mentre ci si concentra sul problema da trattare. Sbloccando l'energia legata a quell'emozione nel vostro corpo, il disagio e i sintomi scompaiono o vengono alleviati.

- Rilassamento. Attraverso il rilassamento guidato, sarete in grado di liberarvi dall'ansia mentre abbassate i livelli di cortisolo e di altri ormoni dello stress che danneggiano il vostro corpo.

- Visualizzazione. L'immaginazione è uno strumento molto potente che può essere utilizzato per ridurre la tensione muscolare, alleviare il dolore e regolare la respirazione e la frequenza cardiaca.

- La consapevolezza. Coltivando un atteggiamento consapevole, sarete in grado di apprezzare i cambiamenti non solo nel vostro rapporto con la malattia (e quindi nei vostri sintomi), ma imparerete anche a vivere più pienamente, e la malattia occuperà meno spazio nella vostra mente e nella vostra vita.

CAPITOLO DIECI

EMDR per i disturbi alimentari

I disturbi alimentari o i disturbi alimentari stanno diventando sempre più frequenti. Da un lato, abbiamo molto cibo a portata di mano e a buoni prezzi, e dall'altro la società ci impone di mantenere un peso ideale.

Questa dicotomia fa sentire molte persone sotto pressione per rientrare in certi canoni di bellezza, che possono generare diversi problemi alimentari, sia perché mangiano così poco da non soddisfare il loro fabbisogno energetico, sia perché mangiano troppo perché ricorrono al cibo per calmare l'ansia.

Nella maggior parte dei paesi, circa il 9% della popolazione soffre di un disturbo alimentare, un problema più comune negli adolescenti e nelle giovani donne.

Se questo è il vostro caso, se diventate ossessionati dal cibo, non accettate la vostra immagine corporea e cambiate la vostra dieta a tal punto da subire un significativo deterioramento della vostra salute fisica e/o psicosociale, è probabile che soffriate di un disturbo alimentare.

Tipi di disturbi alimentari

I disturbi alimentari possono essere molto vari. Qui descriviamo in dettaglio i diversi tipi di disturbi alimentari e in cosa consiste ciascuno di essi:

- Anoressia nervosa. Di solito inizia durante l'adolescenza o la giovinezza, anche se l'età di insorgenza è sempre più giovane, quindi può comparire anche nell'infanzia. È caratterizzata dal rifiuto di mantenere un peso corporeo entro limiti normali, in modo che la persona mangi molto meno di quanto sia appropriato per la sua età, il sesso e il livello di attività. Alla base c'è un'intensa paura di ingrassare e, poiché c'è un'alterazione dell'immagine corporea, la persona può sentirsi obesa anche se è molto magra.

- Bulimia nervosa. La persona soffre di ricorrenti episodi di abbuffate durante i quali mangia una quantità eccessiva di cibo fino a quando non si sente sgradevolmente piena. In quel momento, perde completamente il controllo; non riesce a smettere di mangiare. Per evitare l'aumento di peso, ricorre a comportamenti compensatori come l'induzione del vomito, l'uso di lassativi e/o diuretici, la pratica dell'esercizio fisico in eccesso o il digiuno. Questo disturbo alimentare di solito inizia nell'adolescenza o nella giovinezza, generalmente dopo aver seguito una dieta molto restrittiva per perdere peso.

- Disturbo da restrizione dell'assunzione di cibo. Di solito compare nell'infanzia ed è caratterizzato dall'elusione del cibo, al punto che il fabbisogno calorico non viene soddisfatto. Di conseguenza, si verifica spesso una perdita di peso significativa, e spesso compaiono carenze nutrizionali. C'è una mancanza di interesse per il cibo, e la persona lo rifiuta a causa delle sue caratteristiche o perché è troppo preoccupata delle conseguenze del mangiare.

- Ortoressia. È un'ossessione per il mangiare sano, al punto che viene evitata una grande quantità di cibo, a volte gruppi completi, che di solito porta alla malnutrizione. La persona passa una quantità eccessiva di tempo a pianificare la propria dieta, anche se questo finisce per essere molto sbilanciato.

- Disturbo alimentare da brivido. Questo disturbo alimentare, che compare di solito nell'infanzia o nell'adolescenza, è caratterizzato da frequenti episodi di abbuffate durante i quali la persona perde il controllo e mangia in modo eccessivo, anche se non ha fame. Di solito mangia più velocemente del solito e spesso si nasconde, perché si vergogna della quantità di cibo che mangia. Di conseguenza, è comune che compaiano il sovrappeso o l'obesità.

- Vigorexia : Conosciuta anche come "dismorfia muscolare" o "anoressia inversa", è più frequente negli uomini. Si manifesta come eccessiva preoccupazione di apparire deboli o sottosviluppati. La persona vive con una costante sensazione di insufficienza causata dalla distorsione della percezione di sé che cerca di compensare compulsivamente con l'assunzione di prodotti per aumentare la massa muscolare e programmi di allenamento molto impegnativi.

- Dipendenza dal cibo: È un'ossessione per il cibo che non può essere controllata e che impedisce di godere sia dei pasti che di altri compiti o attività pensando costantemente ad esso. Queste persone spesso si trovano a pensare al prossimo pasto, avendo "voglie" di certi cibi senza poter evitare di pensarci.

- L'obesità: L'obesità è un problema di salute che può essere influenzato da diversi fattori (endocrini, psicologici, sociali, nutrizionali) e, quindi, deve essere affrontato in una prospettiva globale. Le persone che ne soffrono sono più a rischio di ansia, dipendenza o depressione. Tra i trattamenti più efficaci vi è la promozione di abitudini sane e il lavoro con le emozioni da ipnosi clinica, come un modo per ottenere cambiamenti più velocemente e con meno sforzo.

- Un'assunzione eccessiva per l'ansia o lo stress: In questo caso, l'assunzione eccessiva di cibo viene fatta come sintomo di un problema dovuto allo stress o all'ansia. A volte i sintomi dello stress o dell'ansia possono essere confusi con la sensazione di fame. Ciò che li differenzia maggiormente è che, una volta mangiato in breve tempo, hanno di nuovo la sensazione di "avere fame" e non sono in grado di soddisfare se stessi. Un altro sintomo è il desiderio di mangiare cibi con alti livelli di zucchero, più appetitosi e meno soddisfacenti.

- Pica. Si riferisce all'ingestione persistente di sostanze non nutrizionali che non sono considerate alimenti. La persona può ingerire polvere di gesso, sporcizia, carta, vernice, corda, amido ... E 'un problema più comune nell'infanzia, ma può apparire in qualsiasi fase della vita, soprattutto durante la gravidanza

Sintomi di problemi di alimentazione

Ci sono diversi segnali che possono far scattare l'allarme e indicare la presenza di un disturbo alimentare.

- Problemi di salute. La dieta non influisce solo sul peso corporeo, ma anche sul metabolismo e sul sistema endocrino. Quando si hanno cattive abitudini alimentari, si può iniziare a soffrire di mal di testa, problemi di sonno, problemi di concentrazione, affaticamento e stanchezza. Nei casi più estremi, se si soffre di anoressia o di un disturbo di restrizione alimentare, si può soffrire di bradicardia, ipotensione, anemia e deficit nutrizionale.

- Cambiamenti nella vostra personalità. I disturbi alimentari non influenzano solo il vostro comportamento, ma anche il modo in cui vi rapportate a voi stessi. Alla base di questi problemi c'è una percezione distorta dell'immagine corporea, che si accompagna a sentimenti di colpa e vergogna.

- Variazioni del vostro umore. Anche i componenti alimentari sono coinvolti nella produzione di ormoni e neurotrasmettitori, per cui una dieta sbilanciata può rendere più irritabile o più incline o incline alla depressione.

- Difficoltà nelle relazioni interpersonali. Cominciando ad evitare situazioni sociali legate al cibo, si può finire condannati all'isolamento e alla solitudine

Cause dei disturbi alimentari

Diversi fattori si uniscono nella comparsa e nello sviluppo dei disturbi alimentari:

Biologico

Le persone che hanno un parente di primo grado che ha avuto un disturbo alimentare o un disturbo alimentare hanno da quattro a cinque volte più probabilità di sviluppare questo problema. Tuttavia, il fatto che altri disturbi alimentari si verifichino in famiglia non significa necessariamente che la spiegazione sia esclusivamente organica, poiché ciò può anche indicare che ci può essere un modello alimentare familiare inadeguato, e non si possono escludere fattori di apprendimento. In ogni caso, avere una predisposizione genetica non significa una frase, né implica che non si possa superare il disturbo.

Psicologico

Alcuni tratti della personalità possono aumentare la vulnerabilità allo sviluppo di un disturbo alimentare. Ad esempio, le persone con tratti ossessivi sono più soggette all'anoressia, mentre quelle con un disturbo d'ansia sono più soggette alla bulimia.

Avere una bassa autostima e la tendenza a perdere il controllo vi renderà anche più propensi a ricorrere al cibo per "rimediare" ai vostri problemi in altri settori della vita. Pertanto, lo stress, la bassa tolleranza alla frustrazione e l'instabilità emotiva spesso sono fattori scatenanti di questi disturbi.

È importante ricordare che l'atto del mangiare di solito genera soddisfazione in modo che i neurotrasmettitori come la dopamina vengano rilasciati nel cervello, il che non solo provoca una piacevole sensazione, ma vi renderà anche "agganciati" a quel comportamento. Quindi, se vi sentite tristi o ansiosi e migliorate quando mangiate, probabilmente finirete per usare il cibo per "controllare" il vostro umore.

Sociale

I messaggi che la società trasmette influenzano la vostra immagine di voi stessi. Se non si rispettano i canoni di bellezza e si ha una bassa autostima, è probabile che si inizi a non essere soddisfatti del proprio corpo e si ricorra a pericolose diete restrittive, si ossessionati dal numero di calorie, ci si spurghi o si mantenga un ritmo di esercizio fisico insostenibile che finirà per minare la propria salute fisica ed emotiva.

In altri casi, il problema può essere causato da cattive abitudini alimentari acquisite durante l'infanzia o dalla convivenza con qualcuno che ha anche cattive abitudini alimentari. Infatti, le reazioni di chi vi è più vicino, sia in termini di ricompensa che di presa in giro, possono rafforzare alcuni comportamenti negativi e farvi sviluppare un rapporto conflittuale con il vostro corpo e con il cibo.

Conseguenze dei disturbi alimentari

I disturbi alimentari causano danni fisici e psicologici. I problemi gastroesofagei sono i primi ad apparire, ma è anche probabile che si verifichi facilmente una perdita di energia e una stanchezza. Nel corso del tempo compaiono di solito altre complicazioni, come malnutrizione, aritmia cardiaca, ipotensione, disturbi endocrini, problemi alle ossa, e aumenta il rischio di avere un attacco di cuore.

Psicologicamente, anche le conseguenze di un disturbo alimentare sono devastanti. In molti casi, la persona non vuole che gli altri scoprano il suo problema, quindi si isola gradualmente dalla sua cerchia ristretta.

Non essere in grado di controllare ciò che ti succede crea anche un'enorme frustrazione, rendendo facile cadere in un circolo vizioso che alimenta l'ansia. Infatti, i disturbi alimentari sono spesso accompagnati da altri problemi come la depressione, il disturbo bipolare e i comportamenti ossessivo-compulsivi. Si può anche sviluppare irritabilità, perdita della libido e pensieri suicidi.

Come si applica?

L'approccio EMDR (desensibilizzazione e rielaborazione dei movimenti oculari) è l'approccio terapeutico che uso nella mia pratica clinica con i pazienti con disturbi alimentari. Questo approccio è altamente raccomandato nella misura in cui funziona proprio quelle parti interne e nascoste relative ai disturbi alimentari che hanno origine nell'infanzia e/o nell'adolescenza del paziente. Gli eventi traumatici che si sono verificati nella vita dei pazienti possono essere intimamente legati all'origine e al mantenimento dei disturbi alimentari. Alcuni possono essere relativamente facili da vedere (come la paura irrazionale di ingrassare a causa del bullismo infantile dovuto al sovrappeso. Altri,

L'importanza dell'approccio EMDR è di poter rielaborare gli eventi legati ai disturbi alimentari in modo tale che questi eventi siano adeguatamente elaborati, perdendo la carica emotiva negativa e l'autoconcettazione negativa dei pazienti. Questi eventi o situazioni si staccherebbero così dai disturbi, liberando i pazienti dalla soluzione patologica che è il disturbo alimentare e che ha giocato un ruolo irrazionale.

Un buon trattamento con EMDR passa necessariamente attraverso una buona concettualizzazione del caso, cioè il saper identificare quegli eventi che hanno influenzato, innescato e mantenuto un disturbo alimentare nel paziente. Una volta redatta questa "roadmap" (che deve essere sempre tenuta aperta alle modifiche man mano che il processo del paziente progredisce), il passo successivo sarebbe quello di fornire strategie e risorse per gestire le situazioni di traboccamento durante la terapia. Avendo la concettualizzazione e le risorse di cui sopra, inizieremmo ad applicare il protocollo EMDR per rielaborare gli eventi legati al disturbo.

CAPITOLO ELEVEN

EMDR per i problemi sessuali

I problemi sessuali sono difficoltà, sia organiche che psicologiche, che limitano la persona e le impediscono di godere pienamente della sua sessualità.

È normale che una coppia abbia degli alti e bassi sessuali, periodi in cui l'attrazione per l'altra persona aumenta e il desiderio sessuale si intensifica, seguiti da momenti in cui la motivazione a fare sesso diminuisce.

Nella maggior parte dei casi, questi cambiamenti sono condizionati dal turbinio della vita quotidiana, che concentra la nostra attenzione sul lavoro, sui problemi finanziari o sulle difficoltà familiari.

Tuttavia, i disturbi sessuali non sono solo normali cambiamenti della libido, ma problemi molto più complessi che influenzano profondamente il rapporto e generano insicurezza, ansia e insoddisfazione in coloro che ne soffrono. Fortunatamente, la maggior parte dei problemi sessuali hanno cause psicologiche e possono essere risolti ricorrendo alla terapia sessuale.

I diversi tipi di disturbi sessuali

Nel campo della sessuologia, si fa riferimento a due tipi principali di disturbi sessuali:

- Disfunzioni sessuali: si tratta di inibizione o esacerbazione del desiderio o di cambiamenti anormali nel ciclo della risposta sessuale. Tra i problemi più comuni che sono raggruppati in questa categoria ci sono il desiderio sessuale ipoattivo, i disturbi dell'erezione, l'anorgasmia e la dipendenza dal sesso.

- Parafilie: si tratta di un'attivazione sessuale davanti a oggetti o situazioni che non sono culturalmente considerati erogeni, e che influisce sulla capacità della persona di stabilire un rapporto soddisfacente, sia dal punto di vista emotivo che sessuale. Tra le parafilie più comuni ci sono il feticismo, l'esibizionismo e il sadomasochismo.

La maggior parte delle persone o delle coppie che hanno un problema sessuale lo sperimentano in silenzio, ma non c'è davvero nulla di cui vergognarsi. In effetti, i problemi sessuali sono uno dei motivi principali per cui è necessario un consulto negli uffici di Psicologia.

Perché compaiono i problemi sessuali?

I problemi sessuali possono iniziare molto presto, anche prima del primo rapporto sessuale, oppure possono comparire più tardi e indipendentemente dal fatto che la persona abbia avuto una vita sessuale soddisfacente.

A volte il problema si sviluppa gradualmente, nel tempo, ma altre volte può presentarsi all'improvviso e risolversi rapidamente. Allo stesso modo, ci sono casi in cui si verifica un'incapacità totale di godere del sesso, mentre in altri casi si verifica un'incapacità parziale che riguarda solo una delle fasi dell'atto sessuale.

Problemi sessuali: cause organiche

In alcuni casi, i problemi sessuali hanno una causa fisiologica, tra i più comuni:

- Malattie come la neuropatia diabetica, la sclerosi multipla e i tumori

- Carenze ormonali, come una carenza di estrogeni o androgeni

- Disturbi endocrini, come problemi alla tiroide, all'ipofisi o alla ghiandola surrenale

- Danni ai nervi o ai muscoli che colpiscono la colonna vertebrale e il movimento, soprattutto degli arti inferiori

- Problemi circolatori legati al basso flusso sanguigno

- Cambiamenti biologici che si verificano in fasi specifiche della vita, come la postpartum, la menopausa e l'andropausa

- Consumo di sostanze come l'alcol e la nicotina o l'uso di alcuni farmaci come antidepressivi, narcotici e antistaminici

Disturbi sessuali: cause psicologiche

In generale, le cause più frequenti dei problemi sessuali sono sul piano psicologico. Alcune delle più comuni lo sono:

- la paura del contatto sessuale o il ridicolo di fronte al partner, che spesso provoca un'inibizione della risposta sessuale e nei casi più estremi può impedire completamente il rapporto sessuale

- Il sentimento di vergogna davanti alla coppia, una situazione quasi sempre causata da una mancanza di fiducia e da problemi di comunicazione

- La paura di non soddisfare le aspettative della coppia, che genera la cosiddetta "ansia da prestazione".

- Esperienze sessuali negative, come lo stupro o una serie di fallimenti ripetuti che possono aver generato traumi

- Il senso di colpa, quasi sempre associato a un'educazione troppo puritana in cui la sessualità era intesa come qualcosa di negativo e sporco

- Problemi nella relazione, soprattutto legati alle difficoltà dei suoi membri di esprimere i loro desideri e bisogni

- Avere aspettative irrazionali sull'incontro sessuale in modo che, quando queste non vengono soddisfatte, minano la fiducia della persona nelle sue capacità

- Credenze negative sul sesso, quasi sempre basate su informazioni scarse e di parte sulla sessualità

- Troppa tensione, ansia, stress o preoccupazioni accumulate nel tempo, che possono essere causate da problemi diversi dalla sessualità ma che hanno un impatto su di essa

- Problemi di autostima e di autostima che provocano la paura del rifiuto e generano la sensazione di avere un corpo "inadeguato", per cui la persona sperimenta l'incapacità di arrendersi e di godere appieno dell'atto sessuale

- Eccessivo autocontrollo e tendenza al perfezionismo, il che significa che la persona non può rilassarsi durante il rapporto e non può godere di questo

Tuttavia, va chiarito che i problemi sessuali non sono quasi mai causati da un'unica causa, ma piuttosto che alla base vi sono diversi fattori. Infatti, la pratica clinica ha dimostrato che anche dietro una causa fisiologica si possono nascondere ragioni psicologiche che aggiungono e peggiorano il problema fisico. Le più comuni sono l'ansia, la paura del fallimento e le convinzioni negative sul sesso.

Problemi sessuali trattati dalla psicologia sessuale

I problemi sessuali che trattiamo sono:

- Eiaculazione precoce: circa il 39% degli uomini soffre o ha sofferto di eiaculazione precoce, un'alterazione della risposta orgasmica ed eiaculatoria, che si attiva al minimo stimolo sessuale. L'uomo si eccita troppo rapidamente e, non potendo controllare la sua risposta eiaculatoria e identificare il punto di non ritorno, eiacula prima di volerlo. Di conseguenza, entrambi i membri della coppia provano spesso una grande frustrazione. È un problema molto comune nei giovani, soprattutto quando iniziano a fare sesso e hanno creato abitudini di masturbazione inappropriate, anche se può apparire in qualsiasi momento della vita.

- Eiaculazione ritardata: Circa l'1-4% degli uomini soffre di eiaculazione ritardata, una disfunzione sessuale che si riferisce all'eccessiva eiaculazione ritardata e all'orgasmo durante il rapporto sessuale. In questo caso, l'uomo impiega così tanto tempo per raggiungere l'orgasmo che la situazione diventa scomoda e frustrante per entrambi i membri della coppia, poiché non possono raggiungere l'orgasmo quando vogliono, ma solo dopo una lunga sessione di stimolazione sessuale, che spesso è estenuante.

- Disfunzione erettile o impotenza: Questo disturbo colpisce di solito circa il 18% degli uomini ed è una persistente incapacità di mantenere una corretta erezione fino alla fine del rapporto sessuale. Ciò significa che i problemi di erezione possono manifestarsi in qualsiasi momento durante il rapporto sessuale, sia prima della penetrazione, sia al momento della penetrazione, sia durante i movimenti coitali. In alcuni casi, l'uomo raggiunge l'erezione solo attraverso la masturbazione e in altri casi non riesce nemmeno a penetrare. Alla base di questo disturbo vi sono spesso una forte ansia, la paura di fallire e la convinzione che la mascolinità sia indissolubilmente legata al potere dell'erezione.

- L'anorgasmia: Si riferisce all'incapacità di raggiungere l'orgasmo, sia maschile che femminile, dopo aver avuto una normale fase di eccitazione. La disfunzione orgasmica femminile colpisce quasi il 42% delle donne ed è quasi sempre primaria; si tratta cioè di donne che non hanno mai raggiunto l'orgasmo attraverso le loro relazioni sessuali. Tuttavia, esiste anche una disfunzione orgasmica maschile, un problema che colpisce il 9% degli uomini. Più comunemente, un uomo non può eiaculare durante il contatto genitale, ma può farlo attraverso la stimolazione manuale o orale. In altri casi, l'uomo riesce ad eiaculare ma non sperimenta l'orgasmo, cioè il piacere associato a questo atto.

- Dispareunia: La caratteristica principale di questo problema è che la donna prova dolore durante il rapporto sessuale. Si stima che circa il 39% delle donne soffra di dispareunia, una difficoltà che non è dovuta a una causa fisica in quanto gli esami non riportano alcuna anomalia ma hanno piuttosto un'origine psicologica, spesso in traumi legati allo stupro o a causa di errate credenze sulla sessualità. Anche la mancanza di fiducia nel partner e l'incapacità di donarsi completamente sono fattori scatenanti di questo problema.

- Vaginismo: Si tratta di una contrazione involontaria dei muscoli del primo terzo della vagina quando si verifica la penetrazione, un problema che colpisce il 5% delle donne e che in molti casi non è legato esclusivamente alla penetrazione genitale, ma si verifica anche, ad esempio, con tamponi o specula. Infatti, nei casi più gravi, l'idea della penetrazione è in grado di produrre da sola uno spasmo vaginale. In alcuni casi, la contrazione è lieve e causa solo un leggero disagio, ma altre volte è così intensa da impedire la penetrazione. Tuttavia, alcune donne possono godere di giochi sessuali e raggiungere l'orgasmo attraverso di essi.

- Mancanza di desiderio sessuale: noto anche come desiderio sessuale ipoattivo, è un problema che colpisce molte coppie e si riferisce alla diminuzione o all'assenza di fantasie e desideri di avere un rapporto sessuale, che causa un notevole disagio nel rapporto. Le statistiche indicano che il 25% degli uomini e il 37% delle donne soffrono di questo disturbo ad un certo punto della loro vita sessuale attiva e, se non cercano rapidamente una soluzione, può diventare un problema cronico. Alla base di questo disturbo si trovano di solito problemi quotidiani che aggiungono molto stress e ansia ai disturbi dell'umore come la depressione, i problemi di comunicazione nella coppia o la noia nei rapporti sessuali a causa della monotonia.

- L'avversione al sesso: Le persone con questo disturbo rifiutano qualsiasi tipo di contatto sessuale con il partner, in particolare il contatto genitale. In molti casi, l'origine di questa disfunzione è dovuta a esperienze traumatiche come abusi, violazioni o fallimenti precedenti, che rendono la persona diffidente e la paura di mantenere un contatto intimo. La persona che ne soffre soffre di ansia e di intensa paura all'approssimarsi del momento del rapporto sessuale e può anche sperimentare attacchi di panico. Nei casi più estremi, la persona mostra grande repulsione per tutti gli stimoli che, ai suoi occhi, possono avere una connotazione sessuale, dal semplice bacio alle carezze.

- Dipendenza dal sesso e ninfomania: si stima che circa il 6% delle persone soffra di un eccessivo impulso sessuale, che potrebbe portare alla ninfomania, nel caso delle donne, e alla satiriasi, nel caso degli uomini. Queste persone vivono ossessionate dal rapporto sessuale, per cui questo tipo di pensieri occupano gran parte della loro giornata e spesso interferiscono con il loro lavoro, gli studi o le relazioni interpersonali. Questa dipendenza può portarli ad assumere comportamenti sessuali rischiosi che in seguito generano un profondo senso di colpa. A poco a poco, la persona si chiude in un circolo vizioso e passa sempre più tempo a cercare e mantenere i rapporti sessuali, a consumare pornografia o a praticare la masturbazione, fino a quando questi comportamenti arrivano a interferire profondamente con la sua vita. Ogni giorno e diventano una seccatura.

- Parafilia: Si stima che l'1% della popolazione soffra di un qualche tipo di parafilia, anche se in realtà questo problema potrebbe essere ancora più grave, dato che molte persone non chiedono mai aiuto psicologico. Chi soffre di questo disturbo di solito non trova piacere nell'atto sessuale, ma ha bisogno di affidarsi a oggetti o attività che, per la maggioranza, non hanno alcun potere erogeno per raggiungere l'eccitazione. Di conseguenza, queste persone trovano difficile mantenere un rapporto di coppia soddisfacente, sia dal punto di vista emotivo che sessuale.

Trattamento EMDR dei disturbi sessuali

La terapia EMDR è particolarmente efficace nel trattamento delle disfunzioni sessuali attribuibili a esperienze traumatiche passate, non elaborate ed emotivamente disturbanti.

La sessualità è un'area centrale dell'esperienza umana durante l'intero ciclo di vita dell'adulto (come riconosciuto dall'Organizzazione Mondiale della Sanità).

Una vita sessuale soddisfacente e appagante è fonte di benessere psicologico e fisico.

È quindi importante affrontare con fiducia i disturbi sessuali che ne ostacolano la piena espressione contattando uno specialista.

Tra i disturbi sessuali più comuni, troviamo le disfunzioni delle varie fasi della risposta sessuale (desiderio, eccitazione, orgasmo).

- Le disfunzioni sessuali maschili più comuni sono l'eiaculazione precoce o ritardata e l'incapacità di ottenere o mantenere un'erezione adeguata (disturbo erettile).

- Tuttavia, attualmente, tra gli uomini, il malessere legato ad una persistente e significativa diminuzione del desiderio sessuale (disturbo del desiderio sessuale maschile ipoattivo) è in aumento, che si manifesta con la scarsità o l'assenza di pensieri/fantasie erotiche e l'interesse per qualsiasi tipo di attività sessuale, anche quando il partner prende l'iniziativa.

- Per quanto riguarda le donne, il desiderio sessuale è più strettamente legato all'eccitazione (disturbo del desiderio sessuale e dell'eccitazione sessuale femminile), poiché entrambe soffrono generalmente più della qualità dell'intimità di coppia.

- Le difficoltà persistenti e ricorrenti nel raggiungere l'orgasmo sono le più frequenti (disturbo dell'orgasmo femminile).

- Vi sono poi le disfunzioni femminili che provocano dolore durante l'attività sessuale e causano notevole ansia e disagio (disturbo del dolore e della penetrazione genito-pelvica, precedentemente definito vaginismo e dispareunia).

Lo psicoterapeuta può offrire un valido aiuto per comprendere le cause del disturbo, che di solito sono multifattoriali.

I fattori biologici (salute fisica), psicologici (funzionamento mentale) e socio-culturali (il contesto sociale in cui viviamo e la cultura di appartenenza) si intrecciano in modo articolato e complesso.

Per formulare una diagnosi accurata è indispensabile ricostruire la storia del disturbo e la storia di vita del paziente in modo approfondito e completo, con particolare attenzione al contesto familiare in cui è cresciuto e ai vissuti emotivi nei rapporti sentimentali. Inoltre, è essenziale tener conto dei fattori che influenzano il funzionamento sessuale: l'età; le condizioni generali di vita (fattori di stress); la qualità dei rapporti affettivi-sessuali; le patologie mediche; l'uso di sostanze o farmaci; la presenza di altri disturbi mentali non sessuali (ad esempio, il disturbo depressivo maggiore).

Per valutare la presenza di eventuali cause organiche che richiedono una terapia medica (farmacologica o chirurgica), lo psicoterapeuta si avvale della consulenza di medici specialisti (principalmente il ginecologo, andrologo e urologo), con i quali è utile collaborare per un trattamento integrato più efficace. In alcuni casi può essere sufficiente una consulenza psicologica a breve termine per risolvere il problema sessuale.

In questi casi la terapia EMDR è particolarmente efficace, in quanto è finalizzata a desensibilizzare e rielaborare (attraverso i movimenti degli occhi) i ricordi emotivamente inquietanti.

Il trattamento può essere individuale o coinvolgere entrambi i partner della coppia, a seconda delle esigenze e delle situazioni.

CAPITOLO DUE

EMDR per l'autostima

La bassa autostima è alla base della maggior parte dei problemi psicologici ed emotivi, ed è un ostacolo alla felicità. Se vi chiedete come aumentare l'autostima, siete nel posto giusto.

La bassa autostima potrebbe causare difficoltà nelle vostre relazioni sociali, che potreste non osare avvicinarvi a quella persona che vi piace così tanto o che vi sabotate nel perseguimento dei vostri obiettivi vitali.

Quali sono i sintomi della bassa autostima?

Sospettate di avere problemi di autostima? Vi considerate una persona con scarsa autostima? Rispondete a queste domande:

- Pensi spesso di non valere nulla e ti scoraggi anche prima di iniziare un progetto?

- Pensi di non riuscire a fare bene le cose e che gli altri le facciano sempre meglio?

- Pensi che le cose buone che ti sono successe siano dovute alla fortuna e che non le meriti davvero?

Se hai risposto sì a queste domande, è probabile che tu abbia una bassa autostima.

Hai una mancanza di autostima se ...

- Non ti accetti per quello che sei.

- Pretendi sempre di più da te stesso. Siete troppo perfezionisti. Riduci al minimo le tue conquiste, e non è mai abbastanza.

- Date un'importanza esagerata ai vostri difetti.

- Vi sentite colpevoli quando commettete errori, e non imparate a perdonare voi stessi.

- Non vi fidate delle vostre capacità.

- Avete paura di fallire e di cambiare.

- Tenete conto dell'opinione degli altri e avete bisogno della loro approvazione per sentirvi bene.

- Non accettate bene le critiche.

- Avete difficoltà a esprimere i vostri sentimenti per paura di essere rifiutati dagli altri.

- Vi confrontate con gli altri o avete sentimenti di inferiorità.

- Avete difficoltà a dire NO.

- Avete abitudini di vita malsane.

L'autostima è il sentimento che professiamo; è il modo in cui ci sentiamo con i nostri comportamenti, atteggiamenti, capacità, risultati e fallimenti. È il senso del nostro valore e l'apprezzamento che abbiamo. È un rapporto che stiamo costruendo con il nostro "io" nel corso degli anni e che è determinato dal modo in cui abbiamo reagito alle situazioni che si sono presentate nella vita.

Quando siamo troppo esigenti con noi stessi e non diamo valore ai risultati che abbiamo raggiunto, probabilmente finiremo per sviluppare una bassa autostima. Questa percezione inadeguata delle nostre capacità e potenzialità ci limita come persone e di solito genera una profonda sensazione di infelicità.

Come si forma l'autostima?

L'autostima si sviluppa nel corso della vita, anche se l'infanzia e l'adolescenza sono periodi fondamentali poiché, in questi anni, l'immagine che abbiamo di noi stessi sta prendendo forma.

Durante l'infanzia, sviluppiamo la consapevolezza della nostra esistenza, scopriamo il nostro genere e ci rendiamo conto che siamo esseri diversi dagli altri. Poi inizia a formarsi il concetto di sé, cioè il concetto che abbiamo di noi stessi a livello cognitivo, che dipende in gran parte dalle persone che ci circondano. L'autostima sarebbe la valutazione che facciamo di questo concetto di sé.

In sostanza, l'immagine che abbiamo di noi stessi passa attraverso il prisma degli altri. Non solo ci valorizziamo per i risultati che otteniamo, ma dipendiamo anche dall'accettazione o dal rifiuto di coloro che sono significativi per noi. Senza il riconoscimento degli altri, i nostri successi sarebbero solo a metà e passerebbero inosservati, e senza l'accettazione esterna di noi stessi, sarà difficile per noi accettare noi stessi.

Il problema è che quando siamo piccoli, viviamo il rapporto con i nostri genitori e gli insegnanti in modo acritico, quindi la loro valutazione delle nostre prestazioni è essenziale e influenzerà il modo in cui ci relazioniamo con il nostro "io". Pertanto, se non riconoscono le nostre capacità e i nostri successi, finiremo per pensare che questi non esistono, e se ci chiedono sempre la perfezione, finiremo per perseguirla costantemente o per sentire che non è mai abbastanza.

Quando una persona è cresciuta e viene guardata dall'alto in basso, umiliata e rifiutata, o sottoposta a pressioni, si formerà un'immagine negativa di se stessa, ed è comprensibile che non possa amare se stessa, che abbia problemi di autostima.

Più tardi, durante l'adolescenza, se non vi siete mai sentiti valorizzati o se la valutazione ricevuta è stata condizionata alla realizzazione, e non vi fidate delle vostre capacità o sentite che non è sufficiente, sarà più difficile per voi superare questa fase di ricerca interiore e raggiungere la maturità psicologica necessaria per vivere pienamente.

Le cause della bassa autostima

Tra le possibili cause dei problemi di autostima troviamo i problemi di autostima:

- La disapprovazione delle figure autoritarie. Le figure di autorità, come i genitori e gli insegnanti, esercitano una profonda influenza durante l'infanzia. Se siete cresciuti sentendo che tutto ciò che fate è sbagliato, è probabile che abbiate fatto vostra questa frase e che abbiate una bassa autostima.

- Genitori poco amichevoli. Per crescere e sviluppare una sana autostima è essenziale sentirsi amati. Una frase umiliante può fare tanto danno quanto l'indolenza affettiva. Se avete avuto genitori emotivamente indifferenti quando eravate piccoli, probabilmente avete interiorizzato questa mancanza come se non fosse degna di affetto.

- Educazione iperprotettiva. All'estremo opposto ci sono genitori iperprotettivi che hanno inavvertitamente impedito ai loro figli di sviluppare le proprie capacità. Di conseguenza, probabilmente non avete gli strumenti necessari per affrontare i problemi della vita, ed è per questo che pensate di non valere nulla come persona.

- Troppe aspettative da parte dei genitori. Quando i genitori pretendono troppo da un bambino, il bambino può sentire che non è abbastanza bravo perché, per quanto ci provi, non sarà mai in grado di soddisfare i suoi standard. Ovviamente, questa sensazione si estende ad altre aree del suo rendimento e influisce profondamente sulla sua autostima.

- Difficoltà di apprendimento. Spesso i problemi di apprendimento portano a una bassa autostima, specialmente se il bambino viene ridicolizzato o rimproverato per i suoi risultati o per la sua disabilità. In realtà, è una situazione frequente quando i genitori si concentrano solo sui risultati accademici e non promuovono attività in cui il bambino possa sentirsi più a suo agio.

- Lei è stato vittima di abusi. Il bullismo, la violenza fisica in famiglia o l'abuso emotivo sono problemi che influenzano profondamente l'immagine che abbiamo di noi stessi. Quando si cresce in un ambiente in cui non si ha il controllo e si è stati vittime di umiliazioni, è normale che si esiti sulle proprie capacità e che sia difficile fidarsi delle persone, quindi, a lungo andare, si può sviluppare una bassa autostima.

- Stavamo limitando i sistemi di credenza. I problemi di autostima non sempre si trascinano dall'infanzia, e a volte sorgono nell'adolescenza o nella giovinezza quando iniziamo a confrontarci con gli altri e crediamo di non essere all'altezza. Inoltre, nell'adolescenza, la valutazione da parte del gruppo di pari è essenziale, quindi se veniamo respinti da loro, possiamo rimanere bloccati in questa fase.

Le principali conseguenze di una bassa autostima

1.   1. La necessità di accettazione: Un problema di base

La persona con scarsa autostima ha spesso un grande bisogno di
accettazione e riconoscimento, per cui spesso sente una forte
pressione nelle situazioni sociali. L'eccessiva preoccupazione per ciò
che pensano gli altri lo porta spesso a interpretare male certi fatti,
quindi non sorprende che reagisca in modo eccessivo, soprattutto se
pensa di essere criticato. Ovviamente, questo provoca attrito e
problemi nelle loro relazioni interpersonali.

Tuttavia, la cosa più comune è che la persona con problemi di
autostima tiene per sé quelle opinioni e quei sentimenti perché, nel
profondo, ha paura delle critiche e di essere lasciato solo. Alla base di
questo comportamento c'è anche la convinzione di non avere nulla da
contribuire e che gli altri sono più intelligenti e capaci, per cui
preferisce rimanere in silenzio. A volte questo atteggiamento riservato
fa sì che gli altri violino i loro diritti, il che può generare molta rabbia,
che non sempre viene canalizzata nel modo più appropriato.

2.   2. Mancanza di fiducia: Una barriera insormontabile

La bassa stima di sé crea una profonda mancanza di fiducia, che si
proietta in quasi tutti i settori di attività della persona, dalle sue
relazioni al luogo di lavoro. Questa insicurezza spesso genera anche
una grande frustrazione, che di solito riguarda le persone più vicine,
come la coppia o i figli. In effetti, il cattivo umore è un compagno
comune della bassa autostima, e non è raro che finisca per proiettarsi
in modo aggressivo.

L'insicurezza vi impedisce anche di intraprendere progetti diversi perché credete di non avere le competenze necessarie e quindi fallirete. Ovviamente, questo atteggiamento gli permette di rimanere nella sua zona di benessere, ma gli impedisce di svilupparsi, sia personalmente che professionalmente, perché lo condanna all'immobilità.

3.   3. Quando il dialogo interiore diventa il nemico

La persona con problemi di autostima cade spesso nelle reti del proprio pensiero. Quando non è in grado di esprimere ciò che vuole, di far valere i propri diritti o di porsi un obiettivo più ambizioso, comincia a recriminare per la sua mancanza di coraggio e le sue limitate capacità, generando un dialogo interno altamente dannoso che non fa altro che rafforzare la scarsa immagine che già si ha. Frasi come "non valgo nulla, "tutto ciò che faccio, faccio male", o "non riuscirò a raggiungerlo" diventano il loro pane quotidiano, e non solo sono un freno al loro sviluppo, ma generano grande angoscia e infelicità.

Trattamento EMDR per l'autostima

L'autostima si sviluppa generalmente sulla base a) dell'apporto delle persone che ci circondano, in particolare durante l'infanzia, e b) di quanto senso di padronanza si costruisce nel nostro mondo. Quando le critiche di genitori, amici, coetanei, insegnanti, ecc. sono un peccato, i bambini non costruiscono ancora una sana autostima.

I bambini prendono un feedback che è punitivo, umiliante, irrispettoso, sprezzante, sprezzante, beffardo, scortese, trascurato, non apprezzato, minaccioso, violento, e così via come la consapevolezza di non valere nulla. Se questa è una fonte di bassa autostima, anche EMDR aiuterà, perché ognuno di questi eventi è un trauma. Quando l'EMDR chiarisce l'effetto di questi traumi, questi pensieri dispregiativi sulla persona - se ancora un bambino o ora un adulto con questo tipo di quadro - sono sostituiti da pensieri di compassione e rispetto per l'importanza dell'individuo. In questo modo, l'EMDR può essere uno degli strumenti più efficaci che abbiamo per riparare l'autostima.

L'approccio EMDR non incoraggia le persone a cambiare l'opinione che hanno di se stesse, così come la Terapia Cognitiva Comportamentale. Con l'EMDR, le convinzioni negative non hanno più senso per l'individuo. Non dobbiamo praticare - crediamo solo in un'immagine più ottimistica di se stessi senza doverci preoccupare di nuovo.

CAPITOLO TREDICESIMO

Continua, e se non fosse spaventoso non ne varrebbe la pena

A volte, per avere dei sogni, bisogna negoziare con la paura. Devi conviverci, anche se non tutti sono quelli che ti bloccano e ti fanno abbandonare ciò che hai proposto. Sono molti quelli che provocano vertigini che indicano che ci si affaccia da una scogliera scoscesa e con una buona altezza, piena di adrenalina e di sensazioni sconosciute.

Quella sensazione di incertezza e di inquietudine appare quando qualcosa ci motiva davvero, disturbando la sensazione di routine perché vogliamo trasformarla in qualcosa di significativo. La sensazione di paura traccia la via da seguire, e ci induce a continuare a indagare la disposizione di ciò che ci dicono è impossibile per far sì che ciò avvenga.

La paura, quell'emozione che temiamo

Geral Hüther, nel suo libro "La biologia della paura", spiega come non temiamo nulla tanto quanto le nostre paure. Ma è proprio questo, con le sue diverse sfumature, che mette in moto lo sviluppo intellettuale ed emotivo. La paura produce nel cervello un processo di reazione allo stress che crea le condizioni ideali per un comportamento intellettuale, emotivo e fisico.

Dobbiamo essere in grado di trovare il limite, tra la paura amichevole e protettiva e la paura patologica, che ci collega con gli attacchi di panico e l'ansia.

Il complesso circuito della paura nel nostro corpo: un misto di stress e piacere

Come abbiamo appena detto, la paura appare come una sensazione totalmente disadattiva quando diventa uno stato emotivo soffocante e continuo, invece di diventare un segnale di avvertimento per stimoli potenzialmente minacciosi provenienti dall'ambiente esterno. Una sensazione che opprime la persona nel cerchio delle proprie sensazioni spiacevoli perché non è più in grado di adattare in modo adattivo i momenti di allerta e quelli di rilassamento.

Il complesso processo e il circuito fisico e ormonale dello stress si attivano con stimoli sensoriali, come la vista o l'udito, per inviare informazioni a un'area cerebrale chiamata amigdala: essa avrà il compito di connettersi con l'ipotalamo per accedere alla memoria e vedere cosa abbiamo fatto in precedenza in situazioni simili. Sarà anche responsabile dell'invio di impulsi elettrici ai muscoli per agire.

A livello ormonale, l'ipofisi secerne gli ormoni dello stress, che ci fa attivare e generare altri due ormoni: l'adrenalina e il cortisolo. L'adrenalina dilata le pupille, aumenta la frequenza respiratoria e il cortisolo, dal canto suo, aumenta il glucosio nel sangue, che genera più energia muscolare.

La cosa più curiosa di questo complesso circuito è che finalmente genera dopamina, un neurotrasmettitore legato al piacere, che a sua volta accompagna la sensazione di paura, di rischio o di vittoria.

Quando la paura un giorno non ci è servita: la paura come segno di catastrofe

Conoscendo questo complesso circuito della paura e la sua utilità, non solo per la nostra sopravvivenza ma anche per il nostro benessere emotivo, è normale per le persone che hanno subito un danno dopo aver avuto paura di sentire che questo segnale di avvertimento non ha valore. Nel complesso, anche anticipando il pericolo, non sono state in grado di fare nulla.

Ad esempio, nelle persone vittime di aggressioni, se il danno subito non viene elaborato emotivamente, il nodo della paura rimane permanentemente attivato, anche per eventi che non comportano alcun rischio. Non solo le persone che hanno subito direttamente queste situazioni possono subire questa strana sensazione di paura permanente, ma anche le persone che hanno assistito a un atto in cui le risorse per fuggire non hanno funzionato.

Fare della paura un alleato per ottenere piacere

Nei casi in cui la paura non funziona come un segnale adattivo, ma come un sentimento generale che ci causa grande disagio, deve essere trattata correttamente. Nei casi in cui il trauma è esistito, tecniche come l'EMDR, insieme ad altre tecniche, sembrano mostrare risultati promettenti. In ogni caso, il miglior consiglio che possiamo darvi è quello di mettervi nelle mani di uno specialista.

La paura serve ad anticiparci, a non vivere mai nel modo da lui dettato. Come dicevamo all'inizio, l'idea è che sia una sensazione che ci mostra il precipizio e i percorsi insoliti, ma senza seguire la freccia senza fare domande.

Sarebbe simile alla paura che proviamo di fronte a mete che sembrano irraggiungibili, ma che sappiamo non lo sono: questo è ciò che pensa un avversario prima di intraprendere uno studio che può durare anni o un corridore d'elite disposto a superare il suo precedente record di velocità. Il cortisolo li attiva ma non li uccide.

Così, la possibilità di trasformare la paura in un alleato può diventare, se si è in grado di materializzarla, un grande risultato, in modo da poter valutare i segnali che essa ti dà senza obbedire ciecamente ad essi. Sentire quell'allarme come presente e reale, ma anche affrontarlo e saperlo attraversare. Forse un giorno non potrai evitare ciò che temevi o affrontarlo, ma devi decondizionare quell'esperienza per poter vivere il riposo.

Dopotutto, se non ci fosse la paura, non ci sarebbe il senso di realizzazione. Evitare l'uno è evitare l'altro, con lo stesso risultato: evitare la vita. Concedetevi la licenza di sperimentare la paura e di essere in grado di tollerarla, e di sicuro porta cose interessanti.

CAPITOLO QUATTORDICI

superare la paura dell'abbandono

Superare la paura dell'abbandono e raggiungere l'autosufficienza emotiva non è un compito facile. Tuttavia, può essere raggiunto non appena siamo convinti di qualcosa: di quanto siamo preziosi. Quanto importanti, brillanti e forti possiamo diventare senza dover dipendere da nessuno. Nel momento in cui siamo in grado di darci l'amore che ci meritiamo, tutto cambia.

Ci sono persone che hanno dovuto affrontare una delle esperienze più difficili fin da piccoli: l'abbandono. Ma non si tratta solo di crescere con l'assenza di genitori di riferimento. A volte non c'è dolore più evidente dell'abbandono emotivo. Avere genitori presenti ma eternamente assenti che non hanno mai nutrito o formato le solide fondamenta di un attaccamento sicuro e nutriente.

L'esperienza iniziale dell'abbandono lascia il segno perché lascia quell'impronta continua di fallimenti affettivi in cui, a poco a poco, la persona sviluppa un sentimento di vergogna, di impotenza e di angoscia. L'angoscia di sperimentare un sentimento di perdita cronica e continua. Di quell'abbandono che in qualche modo lascia messaggi o idee simili nella nostra mente, non saremo mai amati, che la solitudine è il nostro unico rifugio e che nessuno è degno di fiducia.

L'abbandono continuo distorce la realtà e i nostri pensieri. Ora c'è un fatto che deve essere compreso. La paura di essere abbandonati a un certo punto dalle persone che amiamo, rientra nel comprensibile (e di più se abbiamo già sofferto in passato). Il patologico è l'ansia, e permette pensieri ossessivi legati all'idea permanente che stiamo per essere abbandonati più e più volte.

La paura dell'abbandono, una paura primaria

La paura dell'abbandono è come una prigione. È uno spazio chiuso e soffocante che boicotta tutte le nostre relazioni. Ora, lungi dal torturarci sperimentando questa realtà, comprendere le sue fondamenta può aiutarci a gestire molto meglio queste situazioni. Tanto per cominciare, la paura dell'abbandono è una paura primaria.

Che cosa significa questo? Fondamentalmente che, come specie, niente è così importante per l'essere umano e per il suo sviluppo che la sensazione che abbiamo fin dalla più tenera età di avere alcune persone di riferimento a sostenerci. Genitori o figure che ci danno un affetto sicuro, un sentimento di sicurezza e fiducia. Se questo manca dalla nascita e dalla prima infanzia, il nostro cervello sente un vuoto abissale. È allora che siamo più vulnerabili quando si tratta di sviluppare certi disturbi dell'umore.

Ad esempio, nel Journal of Youth and Adolescence, è stato pubblicato un interessante studio realizzato dal Dipartimento di Psicologia dell'Arizona State University, dove è stato dimostrato qualcosa che segue questa stessa linea. Si è potuto constatare che la paura dell'abbandono appare, soprattutto nelle persone che hanno vissuto la morte di uno dei loro genitori. È una paura primaria, qualcosa che non possiamo lasciar andare facilmente.

Tuttavia, una volta che impariamo ad affrontare quell'angoscia originale, non appena guariamo quella ferita, tutto cambia. Alla fine, siamo riusciti a uscire da quella prigione abitata solo da bisogni, vuoti e ferite aperte per vivere con maggiore integrità.

Come superare la paura dell'abbandono

Un'esperienza così traumatica, uno o più abbandoni ci fa pensare che non abbiamo valore. Alla bassa autostima si aggiunge non solo la paura che questo accada di nuovo, ma anche l'ansia e il non saper gestire una nuova relazione. Alla fine, finiamo per creare dinamiche tossiche dove abbiamo bisogno dell'altra persona in eccesso, dove perdiamo l'autenticità nel nostro desiderio di essere amati, nutriti e convalidati nei nostri difetti.

L'amore che si basa ossessivamente sul bisogno vive sulla sofferenza. Nessuno merita di vivere in una situazione del genere, e quindi è necessario imparare a farlo: superare la paura dell'abbandono. Vediamo, quindi, alcune strategie per raggiungerlo.

L'autosufficienza emotiva per superare la paura dell'abbandono

- Accettate questa paura per quello che è: qualcosa di normale. Qualcosa che è innato nell'essere umano ma che, nel tuo caso, è stato intensificato dall'esperienza passata. Le paure sono naturali, ma ciò che non è ammissibile è che prendano il controllo della nostra vita.

- Per superare la paura dell'abbandono, dobbiamo essere responsabili al 100% di noi stessi. Nessuno deve salvarci, e i nostri partner non sono obbligati a essere responsabili per noi o ad essere i nostri unici fornitori di emozioni. L'amore che può veramente guarirci è l'amore di sé. Amore incondizionato per noi stessi.

- Dobbiamo cambiare il dialogo interno. È proibito sottovalutarci, e non è più permesso lasciare spazio a quell'angoscia che ci porta pensieri come se stessimo per essere abbandonati di nuovo. Dobbiamo chiudere la strada alla diffidenza verso il nostro partner, a pensare che non gli piacciamo, che se lo fa o che è perché non siamo più interessati a lui ... Una mente calma vive meglio, e un approccio rilassato inizia con la fiducia, che costruisce relazioni più forti e significative.

- Dobbiamo lavorare sull'autosufficienza emotiva. Questo è un percorso lento che richiede di sapersi osservare e di saper identificare i bisogni. Ognuna di queste lacune deve essere sanata da noi stessi. È una responsabilità personale che non dobbiamo mettere sulle spalle degli altri. È nostra e solo nostra.

CAPITOLO QUINDICI

Lasciarsi andare con EFT ed EMDR

Se ricercate o praticate alcuni metodi di auto-aiuto o terapeutici di qualsiasi tipo, potreste trovare un'enfasi comune sul "lasciarsi andare". Letting out, detto anche rilascio, è un concetto abbastanza semplice, ma non sempre facile da mettere in pratica. Significa lasciarsi andare a tutto ciò che causa stress, dolore o malattia. Non è un piccolo ordine quando è messo in questo modo!

Ci sono diversi programmi e strategie che si concentrano sul lasciar andare. Possiamo supporre che la maggior parte dei metodi "alternativi" - che tipicamente significano terapie che non si basano su farmaci o interventi chirurgici - abbiano un forte interesse a liberarsi o a lasciarsi andare. Per il momento, tuttavia, voglio concentrarmi su due metodi che sono diventati sempre più comuni negli ultimi tempi, per buone ragioni - EFT ed EMDR.

L'EFT, o Tecnica della Libertà Emotiva, è un metodo di autoguarigione basato sul toccare delicatamente varie posizioni del proprio corpo. Questi punti non sono naturali, ma sono allineati con i tradizionali punti di agopuntura della medicina cinese. Anche se l'agopuntura comporta aghi e la digitopressione e la riflessologia comporta la pressione in vari punti (corrispondenti a diversi organi e sistemi energetici del corpo), l'EFT è più facile e più delicata. A questo scopo, è una delle strategie più semplici da applicare a se stessi.

L'EFT ha avuto risultati eccezionali per alleviare lo stress, raggiungere gli obiettivi e sopprimere gli stati emotivi eccessivi. Sebbene l'agopuntura, la digitopressione e la riflessologia siano usate anche per trattare i sintomi fisici, la maggior parte delle EFT sono state finora usate per i problemi emotivi. Tuttavia, come sappiamo, c'è uno stretto legame tra la salute mentale e fisica, e, non sorprendentemente, le persone hanno anche alleviato diversi sintomi fisiologici di EFT.

L'EMDR, o Desensibilizzazione e rielaborazione dei movimenti oculari (è più facile da fare che da dire!), è un'altra modalità che è facile da praticare da soli. Comprende il ruotare gli occhi avanti e indietro. Ecco solo un piccolo messaggio di avvertimento. Consiglierò a chiunque sia interessato di fare qualche lavoro sulle tecniche di base prima di usare l'EMDR o l'EFT. Si tratta di un'introduzione che si spera possa ispirare le persone a guardare a questi sistemi. Di certo non dovrebbe essere una guida "come fare". Fortunatamente, non è necessario guardare lontano per trovare le istruzioni per entrambi i programmi facili da capire. Voglio solo chiarire che anche con sistemi facili da usare, è necessario conoscere i fondamenti per eseguirli correttamente.

L'EMDR è stato particolarmente efficace nel trattamento delle persone con sindrome da stress post-traumatico. Questo è molto interessante perché questa condizione è intimamente legata alla memoria. L'ipotesi è che tali movimenti oculari attivino potenzialmente altre parti del cervello in modo benefico. Questo non cancella i ricordi (come possono fare altre procedure gravi, come la terapia con elettroshock), ma diminuisce anche il dolore o il disagio ad esso associato.

EFT ed EMDR si stanno gradualmente fondendo, ed è uno dei motivi per cui sto scrivendo di loro insieme. Per esempio, alcuni esercizi oculari ispirati all'EMDR possono essere usati come "riscaldamento" prima di toccare l'EFT. Tutti questi sistemi sono veloci, facili da imparare e altamente produttivi. Sono entrambi delicati e non hanno effetti collaterali negativi segnalati. Quasi tutti potrebbero trarre beneficio dall'uso di uno o di entrambi questi programmi, e alcune persone potrebbero anche avere risultati che cambiano la vita.

CAPITOLO SEDICI

Difficoltà di relazione

Ogni coppia può attraversare un momento di crisi. Il più delle volte questo avviene senza che nessuna delle due parti lo voglia, e senza sapere come evitarlo.

In molte occasioni, l'amore esiste ancora, ma molti dei legami che ti legavano si sono persi. Ed è che in una coppia ci sono due persone, con i loro desideri, le loro preoccupazioni, il loro giorno per giorno, le loro sfide.

Un terapeuta specializzato può aiutarvi se avete preso la decisione di raddrizzare il vostro rapporto.

Difficoltà psicologiche che causano problemi di relazione

Sembra una regola: quando abbiamo importanti problemi irrisolti con noi stessi, di solito li generiamo con gli altri. In particolare, è chiaro che ci sono alcune difficoltà psicologiche che diventano terreno fertile per certi problemi di relazione. Si tratta di inconvenienti soggettivi che ostacolano il buon andamento delle relazioni.

L'ostacolo, o meglio la tentazione, sta nel fatto che, senza rendercene conto, cerchiamo di colmare le lacune o di risolvere problemi molto personali mettendo tutto il nostro peso sulla coppia. Come in molti casi, questo è impossibile; non solo non raggiungiamo il nostro obiettivo, ma possiamo anche danneggiare il rapporto con queste aspettative nevrotiche.

La cosa più complicata è che tutto questo avviene nel campo dell'inconscio. Per questo non finiamo mai di individuare le difficoltà psicologiche che causano problemi di relazione. Ne percepiamo solo le conseguenze e di solito cerchiamo altrove la causa. Diamo un'occhiata più da vicino a tre di queste difficoltà.

1. 1. L'assenza emotiva, una delle difficoltà psicologiche che causano problemi di relazione

L'assenza emotiva è, senza dubbio, una delle principali difficoltà psicologiche che causano problemi di relazione. Si definisce come la mancanza di disponibilità emotiva ad occuparsi dei bisogni dell'altra persona che compone la coppia. In altre parole, apatia e indifferenza verso ciò che gli accade.

In molti casi, questo non avviene deliberatamente. La persona avrebbe potuto semplicemente avere uno stile genitoriale in cui era al centro dell'attenzione. Oppure, al contrario, poteva subire i rigori dell'abbandono emotivo. In entrambi i casi, si verifica una sorta di blocco contro la capacità di stabilire una vicinanza emotiva con gli altri.

A volte queste barriere riescono ad alzarsi per un po' di tempo, ma poi riemergono. È allora che uno dei membri della coppia, o entrambi, si chiude in una bolla e non riesce a vedere le esigenze dell'altro. La loro mancanza di egocentrismo è così forte che non permettono loro di guardare oltre le proprie esigenze

2. 2. Vedere una madre o un padre nella coppia

Questa è un'altra di quelle difficoltà psicologiche che spesso creano problemi di relazione. La cosa salutare è che il processo di crescita ha portato con sé un progressivo distacco dalle figure paterne. Questo dovrebbe portare a una graduale autonomia, in cui la persona è vista come capace di influenzare il proprio destino.

A volte questo non accade. Se qualcuno è stato educato in modo dipendente, non lo supera, è probabile che si guardi alla coppia non solo come a un "partner", ma anche come a una fonte di protezione, sostegno e cura. In questo modo, i ruoli cominciano a distorcersi.

Poi succede che qualcuno si rivela molto esigente con il suo partner. Richiede non solo disponibilità emotiva, ma anche incondizionalità. Inoltre, ci si può aspettare che il partner si occupi di situazioni difficili, oppure che si debbano affrontare aspetti problematici della relazione proprio come farebbe una madre o un padre.

3. 3. Mancanza di equilibrio tra ricevere e dare

È una difficoltà che spesso appare contemporaneamente alle due precedenti. Ha a che fare con la mancanza di equità tra il dare e il ricevere. Sia l'uno che l'altro, in eccesso, finiscono per generare forti crepe in una relazione, fino a distruggerla.

C'è chi si sforza di dare. In questo comportamento, essi esagerano all'estremo, soffocando l'altro con le loro coccole, l'attenzione e l'assoluta disponibilità. Non gli permettono di dare. Non permettono di contribuire alla costruzione del rapporto. Allo stesso tempo, la cosa abituale è che, a un certo punto, chi dà di più, si aspetta che l'altro faccia lo stesso. Se questo non accade, ci si sente delusi e persino ingannati. Questa situazione finisce anche per minare l'amore. Perché sia sostenuto, ci deve essere qualcosa di vuoto, di mancanza, perché è questo che alimenta il desiderio.

Allo stesso modo, c'è chi vuole solo riceverlo. Sono bambini grandi che non si aspettano di essere amati ma adottati dall'altro. Si sentono impotenti e credono che sia obbligo del loro partner compensare la loro vulnerabilità.

Le difficoltà psicologiche che generano un paio di problemi ci parlano di processi individuali incompleti. L'amore degli adulti richiede generosità, maturità, pazienza e flessibilità. Tutto questo deve essere reciproco perché la relazione prenda piede e duri. Altrimenti, anche gli amori più grandi finiscono per soccombere alla contaminazione nevrotica.

La terapia EMDR per superare le rotture e le relazioni tossiche

Le rotture ci mettono di fronte a un processo di perdita, che, come tutti i "duelli", richiede tempo per sentire che possiamo andare avanti e che la sofferenza è finita. In un'epoca in cui potenzialmente ogni momento delle nostre relazioni può lasciare una traccia digitale, con la possibilità di rivederle (attraverso i messaggi di WhatsApp, le foto caricate su Facebook, ecc.

Dopo una rottura, soprattutto se usciamo da una relazione disfunzionale, o in altre parole, una relazione gravida di problemi di attaccamento, il nostro cervello ci dice che non possiamo sopportare questo dolore, e vogliamo che sparisca immediatamente.

Una rottura può essere il rafforzamento o l'innesco di un trauma infantile più profondo. Oggi c'è un livello completo di comprensione di come la mente umana si sviluppa e funziona, grazie a discipline come le neuroscienze, che con i suoi strumenti e le sue ricerche, ha fatto luce sull'organo più completo e affascinante, il cervello.

È ormai chiaro che tutte le nostre esperienze passate danno forma alle nostre connessioni cerebrali e influenzano ogni aspetto della nostra vita, soprattutto quando si tratta di come ci muoviamo nel nostro ambiente relazionale. Le nostre esperienze nel rapporto di attaccamento con i nostri genitori rimangono impresse nella memoria e formano modelli mentali di relazioni future.

Naturalmente, qualche altro evento al di fuori della famiglia può mettere una pietra di paragone nella nostra vita e causare qualche disagio in futuro. In ogni caso, la maggior parte dei problemi nelle relazioni affettive sono generalmente causati da esperienze passate non risolte che continuano a spingerci nella direzione sbagliata.

Questi ricordi sono "congelati" e ogni volta che una situazione li fa scattare, ci sentiamo male come se li stessimo vivendo la prima volta.

Come si può superare un trauma e dimenticare una brutta rottura?

Senza dover cancellare la nostra memoria come nel film di Jim Carrey, nella vita reale, c'è un trattamento terapeutico che ha aiutato milioni di persone ad andare avanti dopo esperienze negative o traumatiche, e si chiama EMDR, cioè Desensibilizzazione e rielaborazione del movimento degli occhi. Nel 1987, una psicologa americana, la Dott.ssa Francine Shapiro, osservò che i movimenti degli occhi potevano ridurre l'intensità di pensieri e ricordi inquietanti in determinate condizioni.

La Dott.ssa Shapiro decise di studiare scientificamente questo effetto e nel 1989 fu pubblicato sul Journal of Traumatic Stress il primo studio per contrastare l'incredibile efficacia dell'EMDR nei traumi di guerra dei veterani. Da allora l'EMDR è stato sviluppato ed evoluto, ed è ancora in fase di studio, non solo per il trattamento dei traumi di guerra e del PTSD, ma in molte altre condizioni e disturbi psicologici: problemi di attaccamento, attacchi di panico, disturbo ossessivo-compulsivo, lutto complicato, fobie, disturbi dismorfici del corpo, dolore cronico, dolore da arto fantasma, disturbi dissociativi, abuso sessuale, dipendenze, disturbi della personalità, ecc.

Quando un'esperienza provoca una sofferenza eccessiva, e la persona sente di non andare avanti (per esempio, dopo una rottura o un'altra perdita), è probabilmente perché l'esperienza si impegna con una memoria non elaborata del passato, soprattutto nella storia dell'attaccamento. La memoria o i ricordi sono congelati e non possono essere memorizzati in modo adattivo. Invece, ogni volta che vengono innescati, causano un'iperattivazione del sistema limbico, una regione del cervello dove le emozioni vengono elaborate, per così dire.

L'EMDR attiva un processo neurobiologico che "sposta" l'attivazione cerebrale dalle aree limbiche alle aree corticali superiori, dove la memoria può essere immagazzinata e collegata all'apprendimento adattivo, per esempio, a una sensazione di empowerment, a migliori capacità relazionali e a scelte migliori nelle relazioni di coppia. Alla fine della sessione EMDR, le emozioni negative e la risposta emotiva che provavamo prima dell'elaborazione non lo saranno più.

Invece, ricordando l'esperienza, ci sentiremo meno attivati e meno spinti a reagire a situazioni simili. L'efficacia della terapia EMDR è così sorprendente che i risultati cominciano ad essere visibili nelle prime sedute. Per questo motivo, l'EMDR è un trattamento molto più breve di altre terapie e raggiunge risultati che sono stati raggiunti in anni con altri metodi. Con l'EMDR si parla di settimane o mesi di trattamento.

L'EMDR cancellerà i vostri ricordi come nel film "Dimenticatevi di me"?

Certo che no! Rielaborare una memoria negativa non significa cancellarla. Quello che ci si può aspettare è di ricordarlo e di sentirsi più neutrale, considerandolo come un semplice evento della propria storia, che non ti colpisce più come prima e che ha perso l'influenza che ha avuto sulla tua vita e sulle tue relazioni emotive.

CONCLUSIONE

L'EMDR è una delle arti pionieristiche della psicoterapia. Prima di tutto, questa terapia fa parte del gruppo di terapia basata sull'evidenza, che combina gli aspetti clinici e scientifici della psicoterapia per decenni dopo aver creato raccomandazioni per trattamenti basati sull'evidenza secondo il modello di Boulder. Dall'avvento dell'EMDR, le pratiche hanno sempre sostenuto lo sviluppo di studi clinici, come dimostrano più di 30 studi randomizzati di terapia traumatologica.

Il modello IPA costituisce la base teorica dell'EMDR. Tuttavia, è chiaro che le risposte alle domande che sorgono intorno all'EMDR (e ad altri tipi di terapia) sono nel cervello umano. Di conseguenza, più di dieci studi si sono concentrati sugli aspetti neurobiologici della terapia e i loro risultati indicano che la psicoterapia e la ricerca sul cervello dovrebbero svilupparsi in tandem.

EMDR è una forma integrativa di psicoterapia che include elementi compatibili con una varietà di approcci. Il corpo occupa un posto centrale nella terapia. Tuttavia, gli aspetti cognitivi, emotivi e comportamentali mantengono il loro significato. Uno dei vantaggi più importanti dell'EMDR è che questo tipo di terapia può essere utilizzato anche come una forma di psicoterapia a breve termine chiaramente focalizzata.

Insieme alla psicologia positiva, l'EMDR è una forma di terapia umanistica che crede nelle risorse interne del cliente e nella sua capacità di utilizzare queste risorse per la crescita personale. Una premessa di lavoro di EMDR è l'affermazione che il cliente guarisce se stesso con una corretta stimolazione da parte del terapeuta, il che porta a un migliore funzionamento del sistema interno di elaborazione delle informazioni.

E infine, in tutti gli angoli del mondo, in decine di paesi, terapisti di tutte le culture e orientamenti professionali si sottopongono con successo alla formazione EMDR. Il fatto stesso che l'EMDR sia stato utilizzato con successo in varie culture indica che l'EMDR dà un enorme contributo allo sviluppo del mondo della psicoterapia e al benessere dell'umanità.

Riassumendo, vorrei far notare che nell'EMDR i problemi attuali sono considerati come legati principalmente ai ricordi memorizzati in modo disfunzionale. Il lavoro diretto si svolge con esperienze passate che non sono state adeguatamente ridisegnate e integrate in reti adattive. L'EMDR è un approccio psicoterapeutico basato sull'evidenza, efficace nel trattamento dei traumi.

Tuttavia, l'EMDR può essere utilizzato per trattare un'ampia gamma di disturbi dovuti al fatto che i clienti con tutti i tipi di diagnosi cliniche hanno ricordi conservati in modo disfunzionale. L'approccio psicoterapeutico integrativo EMDR utilizza un protocollo a otto fasi, a tre fasi (passato, presente, futuro), il cui scopo è quello di liberare il cliente dall'influenza dell'esperienza, che pone le basi della patologia attuale, nonché di integrare i più diversi elementi dell'esperienza e dei ricordi in un sistema comune al fine di portare il cliente in uno stato di salute mentale.

Nonostante il fatto che i meccanismi alla base di questi cambiamenti non ci siano esattamente noti, un gran numero di studi randomizzati conferma che i movimenti oculari utilizzati nell'EMDR sono correlati all'effetto di desensibilizzazione. Considerando i risultati degli studi che mostrano tali movimenti oculari, in quanto tali portano ad una maggiore flessibilità dell'attenzione e alla ricerca di ricordi, si può supporre che una diminuzione del livello di eccitazione permetta alle informazioni adattive provenienti da altre reti di memoria di collegarsi ad una rete in cui sono memorizzate informazioni memorizzate in modo disfunzionale.

Questo può portare al recupero della memoria adattiva. Tuttavia, come per altre forme di psicoterapia, sono necessari ulteriori studi nel cervello per determinare gli esatti prerequisiti biologici per l'effetto terapeutico. Sono inoltre necessari ulteriori studi per determinare le basi neurobiologiche dei movimenti oculari e gli effetti interattivi dei vari componenti del processo terapeutico EMDR. Dato che i compiti a casa non vengono utilizzati nella terapia EMDR, la terapia quotidiana può facilmente confermare i risultati di questi studi, accorciando i tempi che di solito sono necessari per altre forme di terapia.

E per vedere se l'EMDR può essere d'aiuto, fissate un appuntamento con un terapista specializzato in EMDR. È pratica comune che non sarebbe difficile trovare qualcuno con esperienza o competenza in questa tecnica. Il trauma potrebbe essere guarito. Il primo passo è quello di trovare uno specialista qualificato che vi assista nei vostri problemi specifici.

CPSIA information can be obtained
at www.ICGtesting.com
Printed in the USA
BVHW062002250321
603411BV00002B/176